煉獄

力民 著

目錄

推薦序

我滿懷著感恩的心情為我的表哥張力民的大作《煉獄》撰寫推薦序文。其實，當我在《傳記文學》拜讀力民哥的文章時，我從未見過這位久仰的長兄。他的文章出版後幾個月後，我的大姑媽（力民兄的母親）以一百零二歲高齡安息主懷；在殯葬禮儀後才有機會和他深談，向他探索了他寫作的心路歷程。我深深被他的內心世界和慈悲胸懷所感動，所震撼。他的人生經歷是中國悲劇大時代中的小插曲，活生生地，真實地，毫無政治意識形態地陳述報導，為中華民族的集體歷史記憶與真誠的療傷和解具有重要的意義！

我們應該原諒，但是我們不可以忘懷！力民表哥一再強調不是為了洩憤，不是為了報復，而是為了要世人牢記曾經有數十年在中國大陸發生過許多慘絕人寰的奴役迫害的悲劇；要作為殷鑒，不再重蹈覆轍！他甚至說他不恨共產黨，並且感念那位讓他翻閱個人檔案的共幹，開啟他逃脫煉獄的窗口！一方面他痛恨當時的政治制度，讓他浪費了人生最美好的青春年華，度過一段生不如死的煉獄生活；另方面，他能體諒那些在那種制度內奉命行事，身不由己的幹部處境。甚至，當有些曾經迫害他的高幹在文革期間被批鬥、毒打、遊行的時候，還手下留情，並表達了憐憫和同情。

他這種心胸氣魄實在令我感動。畢竟歷史巨輪在快速滾動，改革開放後，中國有了天翻地覆的變化，經濟騰飛，大幅度脫貧致富；江山已改，人物還在，如果繼續冤冤相報，又有什麼意義？如何能療傷止痛？如何能夠建立一個和諧安樂的淨土？力民哥正確地選擇了原諒，選擇了寬恕！但是，他在耄耋之年毅然決定提筆，把他不堪回首的煉獄人生公諸於世，為的是要警惕大家，不可忘懷中國大陸那段專制獨裁，泯滅人性，恣意摧殘生命的年代！前事不忘，後事之師！這是《煉獄》一書的深遠意義和無限的期許！

命運的造化——差之毫釐，失之千里！力民表哥在回憶錄中有一段非常傳神的描述：因為父親的工作單位國際電台只允許每個家庭攜帶兩位子女遷台，本來計劃將他的弟弟留在家鄉祖母那兒，但是弟弟抗戰時生在四川，講的是一口四川話，祖母嫌他「彎舌頭」，不願接受；

而力民哥在抗戰時就留守在家鄉，說得一口道地的浙江話，所以就留在大陸了。而這位因不會說家鄉話而到台灣的弟弟，正是我兒時玩伴四表哥！他台大畢業後，去美國明尼蘇達大學獲得農化博士學位，後來到一家世界知名的藥劑公司高就，事業有成，擁有二十幾項專利，子孫滿堂！力民表哥後來移民到美國，和離別四十多年的四表哥重逢，調侃他幸而沾了「彎曲舌頭」的光，使得他可以隨父母去台灣，所以稱他為「彎舌頭」博士。

在他看來，命運的作弄改變了他們兄弟兩人的人生軌跡，一個只會講浙江家鄉話而經歷「煉獄」的煎熬，一個只會講四川話而到達「天堂」！在回憶錄中，筆鋒一轉，力民兄對他從來沒有去過的台灣，表達他親切的問候和誠摯的勗勉，是具有深刻的時代意義的，是值得所有台灣同胞銘記在心的！他在書中告訴我們，台灣同胞是多麼幸運的時代寵兒，能在這塊自由的國土，盡情發揮個人的專長和才幹，充分享受著無比珍貴的民主與自由，並且培育出如此眾多聞名國際的傑出人才，為世界、為人類作出了諸多的貢獻，讓他那個活生生被扼殺的人唏嘘不已。這為今日台灣，藍綠惡鬥，統獨紛爭不已，耗盡了篳路藍縷創造出來的經濟奇跡和實力，真是振聾發聵，刻骨銘心的呼喚！

身為力民哥的家族成員，我有機會和他促膝談心，探索他的內心世界。我對他的寬懷心胸感到無比的欽佩。首先，他斬釘截鐵地回答我，對他的父母絕無怨言；很能理解在那個兵荒馬亂的時代，不得不把他留在大陸祖母家的苦衷。他在書中非常感性地描述，他在四十多年後和父母見面時，沒有抱頭大哭，沒有唏噓歎息，而是相對無言。那種感人的情景真可說是「此時無聲勝有聲，一切盡在無言中」！他也向我保證他已真心原諒了在書中所提到的，拒絕見他的親哥哥。他後來充分理解了在台灣政府擔任外交高官的哥哥身不由己的難言之苦。往事矣！讓我們一起感恩，惜福，珍惜吧！

鄭治明

（畢業於台灣大學經濟系，美國耶魯大學經濟學博士，美國阿拉巴馬大學商學院退休教授及前財經系系主任，台灣東華大學前管理學院院長及終身榮譽教授）

孤獨童年

一九三五年農曆三月初一，我出生在故鄉南潯鎮，它屬浙江吳興縣管轄，是一個典型的江南魚米蠶桑之鄉，因盛產絲棉而富甲一方。

故鄉老屋是一棟木結構的二層樓房，踏在樓板上還能聽到咯吱咯吱的聲響，像是一個老人發出不勝負荷的嘆息。依稀記得天井中央還有一口水井，四圍種了些文竹、豆瓣冬青之類常青植物，為寂靜的鄉居增添一點恬然的情趣。打開大門，便是鋪著青石板逼仄的街道，往返行人必須側身而過。兩旁的店鋪一家挨著一家，走過街角，越過一座小石橋，很遠就能望見一堵白牆上一個大大的「醬」字，其實它只是出售一些腐乳、醬油、醬菜之類的醬製品，但為何要寫這麼大的「醬」字？這在我幼小的腦袋中許久不得其解，或許它代表一種飲食文化的訴求；開門七件事中，「醬」字排在第五位，漁米之鄉的平民百姓，必須有醬汁的醇香，生活才能有滋有味延綿流長，生生不息。

故鄉的民居大多沿著堤岸建造，打開家家戶戶的後門，便是一條勃勃生機，蜿蜒數百里的河流，往返穿梭著各式船隻，最常見的是紹興烏蓬船，船舷兩側蹲著數十隻魚鷹的捕魚船，以及滿載糞便，船緣已挨著河面，看來彷彿隨時會沉沒河底的赤膊糞船。後門通常砌有石階可以接觸到河水，俗稱「橋口」，淘米、洗菜、濯衣，甚至刷洗馬桶，全在橋口解決。這是一條名符其實的生命的河流。每當黃昏時分，落日餘暉在河面上閃爍，幼年的我獨自蹲在橋口摸螺絲，釣河蝦。河蝦是種十分可笑的動物，不用誘餌，只需一根白色線繩在牠面前逗動，這蠢傢伙立刻用牠的螯鉗住線頭，一提一隻，不消半個時辰就夠我一個人享用了。

童年最大樂趣莫過於過農曆新年，冬至過後，就掰著手指盼新年，越近年關，也是年味越重的時刻。「撢煙塵」像是打響了新年開跑的第一槍，即是將屋裡屋外徹底大掃除，緊鑼密鼓便是「辦年貨」，雞鴨魚肉，醃的醃，滷的滷，還有許多平日不常吃的食品，即使平常艱苦度日的人家，彷彿逢到農曆新年就一下子富足起來。隨之而來是祭祖，廳堂條桌上擺上香燭與貢品，上掛「珍珠」，所謂珍珠，即是祖先的畫像，呈寶塔形，無論是否官宦，一律身著朝服，面部的表情與線條全是一副模樣。照例，先由祖父、叔侄依輩份先後叩拜。除夕夜的「守歲」也是過年的重頭戲，那天夜半，還有用醃鹹菜的滷汁煮帶殼的長生果（花生）、茹菇與芋頭食用，不過，年幼的我已熬不到此刻，早已進入了夢鄉。清晨，被一連串的爆竹聲驚醒，穿上枕邊老奶奶早已縫製好的新棉襖、新棉鞋，然後，由七叔帶領，向爺爺奶奶拜年，而大人們早已準備好的紅包，使輩份最小的我，頃刻成了「小財主」。

幼年的我，大概還在襁褓的時候，適逢日寇侵華，我的雙親隨同國際電信局撤退到大後方重慶，將我留在故鄉由祖母撫養，因而從記事起，即在老家南潯成長。聽老奶奶說，曾祖父是位老中醫，常為鄉里免費看診送藥，修橋補路，調解紛爭，是位深得人心的一方鄉紳。祖父是位五短身材，聲音洪亮，兩道濃眉，不怒而威，他雖然很少訓斥我，但我卻十分害怕見到他。祖父畢業於北京譯學館英語科，這是滿清政府李鴻章所創辦中國第一所外語學校，據說是為清政府培養外交官的高等學府。只是他一生都在教育界謀生，曾因擔任過教育局長，使其在後來的文革年代交待不清，最後在不堪批鬥的沉重打擊下，以八六高齡在上海謝世。而他那外交官的遺願，則是由他的長孫，也是我的兄長去到台灣方始實現，此是後話。

我有三位姑母，五位叔叔；父親排行老大。令我費解的是曾受過高等教育的祖父，我父輩卻沒有一位是高中生，他們全都在初中畢業就奉命外出謀生。父

▲中英直達通報之眞如國際無線電台全景，攝於南京。圖片來源：《新生周刊》，第一卷第三期（一九三四年），頁二二。

親在十五歲就進入了族人張雪帆所創辦的上海電報傳習所學習，經短期訓練，就進報房值班。之後，我的三位叔叔先後都進了北京和上海的電信局，最後，連我母親也進了南京國際電信局。值得一提的是我父親的英語，則受益於祖父的悉心栽培與他自身的不懈努力，聽說祖父全部採用英文原版作教材，詳加講解，令其背誦，這對我父親在日後的電信事業中，發揮了巨大作用，有關他的故事，是之後陸續從我母親處得知。

纏足的奶奶只上過兩年私塾，卻有著驚人的記憶。在夏夜的星空下，祖孫倆常坐在天井中納涼，奶奶一邊用蒲扇驅趕蚊蚋，搧著涼風，一邊絮絮叨叨背誦我似懂非懂的唐詩或民諺。也許她老人家，是我思維開發第一位啟蒙老師。年幼的我，身體孱弱，家中全是我的長輩，沒有玩伴，大概因隔代撫養，總有一種令我說不清楚的缺憾，自

▲一九四五年八月十五日，日本宣布無條件投降，重慶市民在街頭慶祝抗戰勝利的情形。

小就形成了孤僻內向，多疑善感且膽小拘謹。鄉間小鎮，一到晚上還需用燈蕊草浸在油盞中照明，因此自小就怕黑怕鬼而心存恐懼，常常躺在床上，瞪大雙眼，望著月光透過樹影，照在牆上那搖曳詭異的光斑，像是一個個厲鬼已然越窗而入，卻又不敢出聲呼喚，此刻，只要聽到一聲大人的咳嗽聲，就如聞空谷跫音般之欣慰，不久便沉沉睡去。

我所就讀的小學，是由一間破敗的廟宇改建，簡陋的教室旁邊，是用蘆蓆遮擋住裡面許許多多泥塑木雕的佛像，即使在白天，裡面也是漆黑一片，陰森恐怖，暗藏詭異，頑皮的學生們下了課，就常常將蘆蓆掀開，鑽到裡面去捉迷藏，當然也少不了我，或許這就是我每晚惡夢連連的源頭了。

一九四五年八月十五日，是舉世歡騰的一年，那年我剛十歲。珍珠港事件之後，美國在日本廣島、長崎投下兩顆原子彈，迫使日寇無條件投降，結束了長達八年的抗戰。

一天，往日寧靜的鄉間家裡，來了位西裝革履、風度翩翩的先生，我被告知，他就是我的父親，我疑惑地望著這位陌生人，卻無言以對。抗戰勝利，他第一時間就從大後方的重慶返家探親，但要我叫他聲「爸」卻是如此艱難，雖已十歲，卻從未用過「爸」與「媽」的發音。不過，他帶給我的三件禮物，漸漸縮短了我們的距離：一對黑白兩色的磁鐵小狗，一盒包裝精美，堅如木板的朱古力，以及一架西洋鏡，這是他不久前從美國帶回來的，他還沒有忘記故鄉還有他的一個兒子。

不久，我又被告知，母親即將搭乘輪船，從重慶來到家鄉的消息。我又無端緊張起來，天天看著日曆，興奮地想像與母親相見時可能出現的激動人心的場面，如同演戲一般，日日在腦海中排演一番。

終於盼到了那一日，我隨家人一起來到輪船碼頭迎候，一聲長長的汽笛聲中，輪船靠岸了，我緊張地四處張望，但旅客逐漸散盡還不見人影，正在悵惘中，突然，我被人從後面捉住，並不斷聽到一個聲音喊著說：「這不是力民嗎？叫我，怎麼不叫我？」我完全懵了，潛意識告訴我，這大聲呼喚的女人，定是我朝思暮想的母親了，但一切預演的場景全都忘光。我緊閉著嘴，「媽」字卡在嗓子眼，就是吐不出來；因我看到隨同母親一起來到的，還有十二歲的兄長與小我不足兩歲的妹妹，以及兩位分別六歲和兩歲在重慶出生的小兄弟。

當我面對這一大家人的時候，真使我感到無比驚恐與錯愕；加上父親，這是一個多麼完整的家庭組合，我怎麼可能也是屬於這個家庭的一分子？我與他們真有咫尺天涯的感覺。從此，常有一種被遺棄的隱隱傷痛，深深烙在我幼小的心靈中。

他們在家鄉短暫停留，就去南京安家，故鄉又恢復往日的寧靜，我依舊做著孤獨的白日夢。翌年秋天，父親專程將我從家鄉接回南京，開始從農村到城市，生平第一次與父母、兄弟姐妹一起生活，時年十二歲，小學四年級。

南京，是抗戰勝利之後的首都，至今還記得住地是傅厚崗七之一號，一棟二層的樓房，樓上是一位王姓主任居住，我們全家在樓下佔了兩間大房。鄉下住慣了，第一次進城與家人在一起，真有說不出的拘束和彆扭，兩個兄弟還可相處，但十四歲的兄長與十多歲的妹妹就不同了，他們不僅有明顯的排斥，更有敵視的情結，常以異樣的目光審視我這個外來戶。

有時，兄長會毫不客氣，伸出老拳來欺負我這個鄉巴佬；小我一歲多的妹妹，不僅從不叫我一聲哥哥，更是常厭惡地迴避著，彷彿我是一個多餘的陌生人。父母親因忙於工作，也無暇注意或糾正這種不正常的現象。由於長期的隔閡，使我與這個家裡的人日益生疏，有時父母親也會以疑惑的目光注視我，或許正納悶：我這個在鄉下長大的孩子，竟沒有一點討人喜歡的地方。事實上，在我木訥呆板的外表下，卻是翻騰著怎樣的哀傷。

時至今日，我還能清楚記得，每逢星期假日，父母帶著兄弟姊妹，僱馬車去新街口看電影或遊玩，唯獨將我留在家中與傭工一起。在這種時刻，我通常坐在樓梯口，默默品嘗刺入骨髓的不公，不斷回憶在故鄉的藍天白雲下釣魚、摸蝦、過年過節的熱鬧景象。在南京我變得更孤獨，也更自卑了。然而我要感謝造物主，讓我自幼所受到這不公的經歷，為我奠定了抗壓與忍耐的能力，使我習慣於坦然面對日後一個比一個更不公平的人生遭遇。日後的經歷還向我印證了一個真理；世上只要有人存在，就永遠不可能有公平。貧富、強弱，都不是公平的產物，在不同社會制度下，罪與懲也絕不可能在天秤上去持平，故我絲毫也不責怪雙親。

抗戰勝利，太平日子過不到二年，又開始不太平了，一個名叫「共產黨」的新名詞，不時在耳邊響起，首先是在我就讀的小學中，開始傳唱的一首歌曲：「你是燈塔，照耀著黎明前的海洋，你是舵手，掌握著航行的方向……」不久，新的戰亂又開始了。儘管收音機裡正在播報國民政府總統大選的實況：「孫科，孫科……李宗仁，李宗仁……」的聲響不絕於耳，但「共軍攻佔XX」、「國軍在XX作戰略性撤退」、「前方將士浴血奮戰，XX失守」等報導不時在報章及收音機裡

▲李宗仁、孫科競選副總統時的計票情況。

面出現。

終於，政局又有了一個更大的動蕩。一九四八年春，父母親任職的南京國際電信局，準備隨政府南撤，我們全家七口，又回到祖父母家匯集。抗戰勝利之後，故鄉老家已遷居上海，大人們忙著如何安排我們五個小孩的去留。父母親最初打算留下老大、我與四弟，但老奶奶聽不懂在重慶出生老四的四川話，說他是「彎舌頭」，於是換下最小的弟弟（四十多年之後，我在美國碰到老四，調侃他幸而沾了「彎舌頭」的光，使其隨父母去台，後在美獲博士學位，我稱他為「彎舌頭博士」）。而我則由母親陪同，在嘉興外祖父家暫住，並在那裡上完小學。

一九四八年底，我又返回上海祖父母家，那裡還有一位最小的弟弟，兄長則住在虹口三姨母家，並在復興中學上高一。翌年十月，上海解放（在台說是淪陷，但無論怎麼說已經不重要了）。只是當天百姓打開房門，但見馬路上全是穿軍裝的士兵，他們在半夜進駐上海，十分安靜，拿著槍枝席地而坐，並無見到所傳說燒殺擄掠的現象，但指揮軍隊的黨，還未見其廬山真面目。

上海解放，新的政權尚未站穩腳跟，一面制定各種新法令，一面忙著安撫民心，整頓社會秩序；而國民政府在撤離之前，就一再揚言，上海淪陷只是暫時的，老蔣也信誓旦旦說，最晚明年中秋打回來吃月餅，反攻大陸，收復失地是勢在必得的。在那一段時間裡，上海上空的空襲警報不絕於耳，國軍飛機幾乎天天在上空盤旋，夜晚的天空中，常見到十多條強光探照燈的光柱，緊盯一架飛機，然後高射炮及機槍聲響徹雲霄，也曾目睹吐著長長黑煙被擊落的飛機。

在這一段時間裡，設法逃離大陸的海空交通都是一票難求，舉世震驚的「江亞輪」慘劇，就發生在此刻，這艘最後離滬的客輪，因超載黃金與旅客而沉沒在上海吳淞口。此時的國門尚未關閉，從上海去廣州到香港基本還暢通，在撤離上海前，我的父母親也早已為兄長與我，辦妥了離陸手續，並在廣州、香港安排好接應親友。時年十五歲的我，清楚記得家人的囑咐，早已打點好行裝，準備與兄長可以隨時出發。只是年長我兩歲的兄長，從未向我透露過任何情況，事實上他也從未把我這個自小不在一起長大的兄弟放在眼裡，直至一九五〇年下半年，我才知道他獨自一人，已在五〇年五月一日勞動節那一天去了台灣。當時的我，只是感到一陣錯愕與悵然，而這一留

▲江亞輪。

下，竟徹底毀了我這一生。從此，在不同社會制度下，開始了兩種截然不同的人生走向。

如果說我是在日寇侵華的槍炮聲中誕生，那麼，我的孤獨童年生活，則是在所謂「百萬雄師下江南」的隆隆炮聲中結束。

社會青年

一九五〇年秋，我在祖父任教英語的上海長寧中學就讀，由於自小多病，而大多都是在臨近考試的時候，因此我的小學就比別的小孩多上兩年；初一期終考，又患了傷寒，我的初中又比別的孩子多上一年。除了生病，我的天敵——數學，死死拖住我的後腿，即使補考，也是白卷一張，有時自己也在納悶，為什麼一點數學細胞都沒有，只要一上數學課，不是打盹，就是心思開了小差。

長寧中學的前身名叫奉化中學，聽說與蔣氏是奉化人有關。其時的校長姓藍，解放前就在這中學當工友，聽說他是中共地下組織的黨員，上海解放前夕，國民政府正要捉拿他，卻被他事先聞訊，越牆成功脫逃。上海解放，他公開了身分，於是校長的寶座就順理成章，非他莫屬了。這是我第一次近距離接觸到的共產黨員。但我在校的幾年裡，不只一次看見他公然摟抱女生，毫無掩飾，相信其他師生也都見到這匹色狼的作為，然而共產黨員的金字招牌，加上地下黨員的光環，大家全都裝作視而

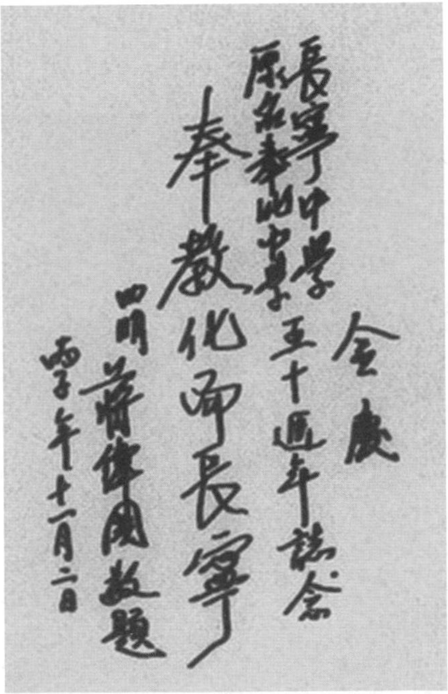

▲一九九六年，蔣緯國題詞慶祝長寧中學五十週年校慶。

不見，誰都不想得罪這位「開國元勳」而惹火燒身，只是對共產黨員的初步形象卻是如此深刻銘記在心。學校不大，兩排平房分初、高中兩部分，一棟三層樓底層為教師辦公室，上面兩層提供家遠的師生作宿舍，我也是住宿生之一。

我融入了一個全新的大家庭，一個從鄉鎮小學，跨進大城市的中學，真正的知識啟蒙從這裡開始，但隨之而來的一個名叫「政治」的怪物，也以暴風雨般的勢頭襲來。五〇年「韓戰」爆發，第一次聽到「美帝國主義」的稱謂，學校的擴音器整天震響著「雄糾糾，氣昂昂，跨過鴨綠江」的志願軍軍歌，但學生中大多數年齡不夠，只有一位年輕的體育老師志

▲韓戰戰場上的中國人民志願軍。

願參軍，學校為他召開歡送大會，披戴光榮花，敲鑼打鼓把他送上開往前線的卡車上。教政治課的一位老師在課堂上，像是剛從前線歸來，聲嘶力竭地控訴美帝的種種暴行，並號召同學們捐錢、捐血，還現場脫下一副手套捐贈前線，可惜響應者寥寥，在沉默中草草收場。

學生中成分複雜，其中有為數不少像我這種家長去了港台，留下交由老人暫時照顧的孩子，而其他階層的子女，全都對政治不感興趣，抱著敬而遠之的態度，高中部裡屈指可數的幾位「共青團員」，也像是個擺設，看不出他們有何超人之處。五二年秋，學校發生了一起「反標」事件（即反動標語），最後查出是高二年級一位楊姓學生所為，批鬥大會在學校大操場舉行，這是我生平第一次見識到批鬥大會，不過那時的批鬥還算是客氣的，還未發展到彎腰九十度，兩隻胳膊向後的「噴氣式」或五花大綁遊街示眾的程度。楊姓學生是一個國民黨大官的兒子，他有四個母親，他是第四個母親所生。發言批判都是事先指定的人，一一照本宣科之後，由公安局帶走。這是解放之後，我所經歷的第一次「政治洗禮」。

五〇年代初，中共在大陸奪取政權不久，即已開展了「三反」、「五反」、「抗美援朝」、「鎮壓反革命」等接二連三的「運動」，時年十五歲的我，已感到那名叫「政治」的咄咄逼人的勢頭，特別是針對來不及逃離，滯留大陸的前軍政人員，更是風聲鶴唳，聞風喪膽，在當局大開殺戒下，人人自危。

「畏罪自殺」或被執行槍決的消息常見報端，而「反革命」這一名詞也是此時第一次聽到。無論是誰，只要沾上了「反革命」，那他就是犯了罪中之最，輕則坐牢，重則槍決，絕不寬赦。總之，「反革命」是一種壞中之壞，十惡不赦的罪行，至少中共是如此定義，也是堅決執行的。曾有人統計過，死於中共政權之下歷次運動中不拿槍的「反革命」，遠多於拿槍死在戰場上的國軍人數，而任何一個不問政治的人，都可能成為「反革命」。若干年之後，我這個一向不問政治的人，竟也成了「反革命」，捉進陝西勞改煤礦，只差一步，枉送性命。此是後話。

「蘇聯十月革命一聲炮響，給中國帶來了馬列主義」，這是當時連小學生都知道的一句口號。而「馬

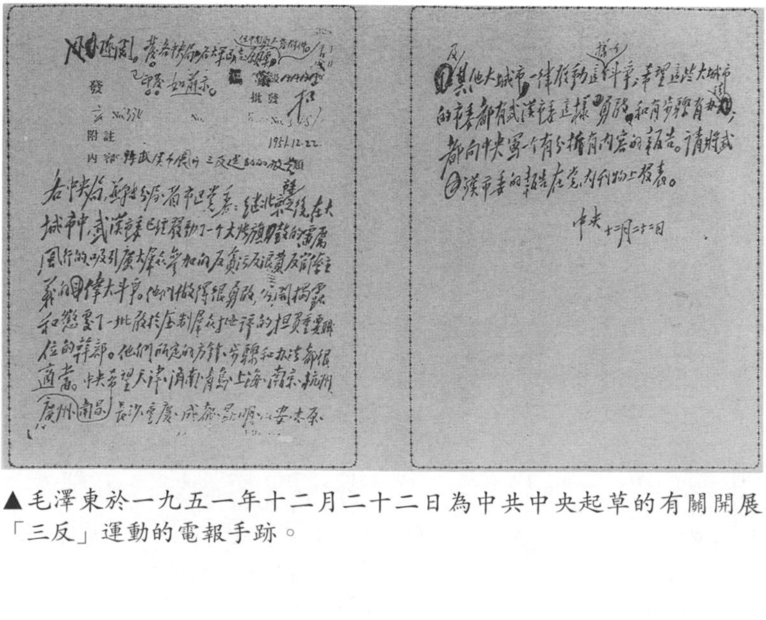

▲毛澤東於一九五一年十二月二十二日為中共中央起草的有關開展「三反」運動的電報手跡。

列主義」被神化為開啟寶庫的敲門磚，至少是一把打開天堂大門的金鑰匙。中共取得大陸政權之後，理所當然大力宣傳最早實現共產主義的蘇聯；引進蘇聯資金與各類專家，教導中國百姓，蘇聯是世界上最先進、最富有，也是最強大的國家。

中共自稱「小弟弟」，尊蘇聯為老大哥，並成立中蘇友好協會，而且人人必須入會；建造中蘇友好大廈，全國開展學習俄語的熱潮，放映蘇聯電影，凡事奉蘇聯為圭臬。街道上不再見到美國人，取而代之的是趾高氣揚的俄國佬，只要冠上「蘇聯專家」的名號，便是無所不能的「萬事通」，他們住在最漂亮的房子裡，開著最好的汽車，享受著「小弟弟」那份赤膽忠誠的伺候，儼然以太上皇自居。據說一些在他們國內不過是平庸之輩，有的只是個中專生，來到中國，便成了「專家」，一步登天，不可一世。

記得當時放映的第一部蘇聯影片《幸福的生活》，向中國

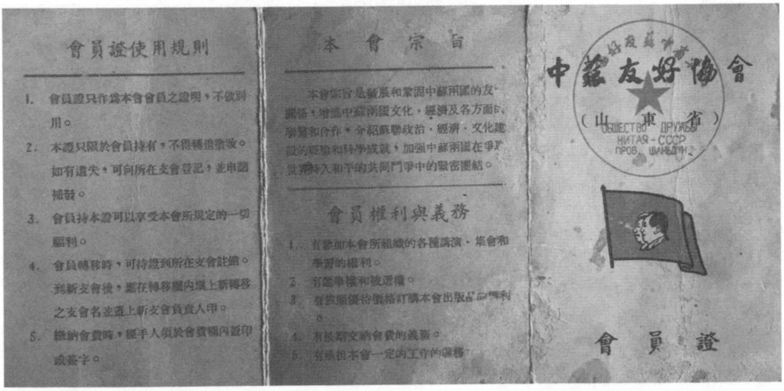

▲中蘇友好協會會員證。

百姓展示了社會主義集體農莊天堂般的生活畫面：到處鮮花怒放，歌聲歡暢，留著一撮小鬍子的農莊黨代表與女主角美豔動人的畢百齡，一起在仙境中翩翩起舞，田野麥浪滾滾，青草地上放牧成群牛羊，堆積如山的鮮美蔬果，看得我們目瞪口呆。只是弄不懂我們內需尚不足的農產品，卻源源不絕地要孝敬我們的「老大哥」，據說諸如雞蛋、蘋果等都要有足夠的分量與尺寸，老大哥才肯賞臉收受。更讓我弄不懂的是，如此美好的共產主義，為何還有那麼多人去反對？並且必須殺掉多少個「反革命」方能實現？還有更多的不懂，我想即使窮其一生，也都永遠無法清楚的。

初中最後一年，我遲來的智力得到初步開發，原來我的興趣全都集中在西洋古典交響樂上，這大概與一位同是住校的音樂老師有關。我常常躲在他房裡聽唱片，這些美妙的音符、華麗的樂章，有如涓涓細流，流淌在心靈深處；有如疾風驟雨，擊打在神經末梢，我幾乎很快就熟悉並聽懂了包括貝多芬、莫札特、李斯特等名家的所有作品，也

▲上海《大衆電影》雜誌以電影《幸福的生活》作為雜誌封面。

從不放棄為這些音樂家所舉辦的任何一場音樂會。我不喜歡數學，但交響樂卻讓我如痴如迷，更像是老友重逢，我像是很久之前就已認識他們。我至今都要感謝這些睿智的大師們，運用主旋律中的幾個音符的組合，演繹出人性中深層次的崇高意境，並將人帶入大而無畏的精神聖地。正是他們，給我帶來從未有過的快樂，更主要的是給了我日後面對險惡人生和墜落在人間煉獄中頑強拼搏的勇氣和力量。

在初中的最後一個學期，我在變聲之後，音樂老師發現我的音色洪亮，很有磁性，就引導我開始聲樂的訓練，我特別崇拜美國黑人歌手羅伯遜，他唱的《老人河》也是我的最愛。有一天，趁教室無人，我大膽放聲，越唱越投入，不久窗外引來不少同學注意，「嗨！你怎麼唱得這麼好聽」「怎麼會是你在唱？你肯定是學過的吧？」一向在校十分低調自卑的我，這是生平第一次被人讚美與肯定，這不僅給了我極大的鼓舞，更是堅定今後往音樂或歌唱的方向去努力。

一九五三年夏，我初中結束，一門從小學開始從未及格的數學，讓我升不了高中。學校不能再住了，我從住校生又回到祖父母的住所。祖父也在同年退休，領著微薄的一份退休金。居室十分狹窄，只是一間小小的過街樓，硬是隔成兩小間，還搭建了一個小小的閣樓。裡間住著祖父母和我的一個年僅七歲的小兄弟，這棟搖搖欲墜的過街樓一共住了七戶人家，沒有衛生間，使用公共自來水，家家戶戶門前放著一隻煤球爐。誰家來了什麼人，每頓吃的什麼菜，甚至咳嗽、說話，左鄰右舍都能看得見、聽得到，這些都是上海里弄民居中的真實寫照。

而在這人口密集的聚居地，少不了由公安派出所安插「居民委員會」的人，他們大都是靠攏政府的所謂「積極分子」，實際上是受命負責監視所謂「階級敵人」動向的眼線。我從學校返家之後，就立即成了住在樓上一個盧姓退休工人的監視目標，她恰巧住在高半層的小亭子間，可將我們居住的房間一覽無遺，我進出就時時感受到她警惕疑惑的目光，監視著我這個父母逃往台灣的人的一舉一動，以便一有可疑，就向政府舉報。我就蟄居在這令人窒息的小閣樓中，開始了長達三年的「社青」生活。所謂「社會青年」原指既不上學，又不上班，四處遊蕩，政府也從不出手提供任何幫助，任其游手好閒，自生自滅，因此，也常有「社青」誤入歧途被捉進牢房，終其一生。

同樣上不了高中當社青的，還有我的一位樓姓同學，但和我不同的是他厭惡語文，如同我厭惡數學一樣，他國文不及格而被拒校外，我常常詫異他怎麼學不好本國的語文，就如同他稀奇我不喜歡數學一樣；但我們從不說互補的話。兩個名落孫山的難兄難弟，常常結伴同行，四處遊蕩。他的父母親也去了台灣，父親是國民政府的高級將領，也是在他們離滬前，將他留在外祖父家，外祖父是一位退休大學教授，賦閒在家。

這位同學有著強壯的體格，是位游泳健將，常常敞開襯衫，突顯出兩塊發達的胸肌，有時走在馬路上，常常會吸引女孩們偷窺的目光。一天，我們遊蕩到建國東路、思南路口，他指著綠樹叢中不遠處的一棟花園洋房說，這就是他原先的家，並隨手取出一把彈弓，不知是否出於洩憤，拾起一塊石子向那房子射去，二次都未擊中，他要我試試，我拿起彈弓估算了一下，用拋物線的弧度射去，只聽到遠處「珖噹」一聲，一整塊落地玻璃應聲碎裂，機靈的他拔腿就跑，我卻當場被人捉住，後來還得請我祖父將我從派出所保釋回家。

當時的我實在無地自容，已經是十八歲的成人了，不僅吃住在祖父家，還給他老人家增添麻煩，我陷入深深的自責中。但在鐵幕重重的中國，我無力改變自己的處境，我變得更沉默、更自卑，也更徬徨失落，在求學無門，謀生無路中浪擲大好時光。我開始上圖書館，並參加了一個名叫「黃河」的業餘合唱團，由於對聲樂一直有興趣，也曾受過一些基本訓練，因此常在合唱團中擔任獨唱或領唱。一九五五年春，中國人民解放軍海軍政治部文工團在上海公開招收團員，薪給制，有很不錯的發展前途。我所在的合唱團大力推薦我前去應試，他們都說我很有希望，因為「海政」文工團急需要男低音，我也急於為自己找一條出路，否則要困死在那個小閣樓中。為保證考試的質量，我又去了原音樂老師的家，請他指點一些相關細節。

前來應試的人實在不少，初試有聽音、節奏、視唱、樂理等，這些都難不倒我，最主要是演唱兩首自選的歌曲，我記得一首是蒙古民歌《嘎達梅林》，另一首就是我最熟悉的美國民歌《老人河》，這兩首都算是男低音的經典，也是我最能發揮的歌曲。考試那天，我已作好充分準備，無論是台風、表情、運氣，鼻腔與胸腔的共鳴轉換，盡可能做到揮灑自如，一氣呵成；因為這是決定我命運的關鍵，是只許成功，不許失敗的考試。兩首歌曲在考試大廳繚繞，尤其《老人河》是我一生唱得最好的一次，我的自我感覺十分良好，至少，進合唱團應該是夠水準的。

唱畢，我用眼角的餘光向台上望去，只見那位主考官正在向一旁的人頻頻點頭示意。果然，初試錄取了，淘汰了不少人，這真是一次百裡挑一的競爭。遺憾的是複試的通知卻遲遲不來，後來才知道，我的「政審」過不了關，這場美夢就無疾而終。我也太不自量，揹著家在台灣的黑鍋，想去中國人民解放軍政治部的文工團，怎能是「狼入羊群」呢，我也真是異想天開。其實即使錄取了我，也不會太久，肯定是以「混入革命隊伍」的罪名被掃地出門，這是唯一的，也是絕對肯定的結果。

我的人生路是如此艱難，在舉步維艱的尋尋覓覓中，總會踢到無產階級專政的鐵板上去，偌大的世界，好像只剩下那層低矮的閣樓，才是我唯一的容身之所？蹉跎的歲月，浪擲的生命，禁錮的心靈，我實在心有不甘，但不得不強迫自己就範，我打起精神，唯一能去的地方就是圖書館了。除了每週兩次業餘合唱團的活動，我整天泡在圖書館，在這段時間裡，我幾乎流覽了我所能找到的世界文學名著，這也許與我喜歡交響樂一樣。

我特別愛讀朱生豪翻譯的所有莎士比亞的作品，我像一個飢餓已久的人，啃完一本又一本厚厚的書籍；大小仲馬、左拉、莫泊桑、羅曼羅蘭、托爾斯泰等名著，都在此時暢讀一遍，使我驚奇地發現，所有這些文學的瑰寶與我所喜愛的古典交響樂是如此相近相通，兩者像是一母所生的孿生子。這些寶貴的書本為我大大拓展了人生視野，啟發我對人生價值的另類思考，我常常沉浸在世界文學的殿堂中暫時忘掉現實，也通常被圖書館閉館的鈴聲驚醒，方始回過神來，邁出沉重腳步，向我棲身的小閣樓走去。

三年失學時間很快過去了。一九五六年夏，我以同等學歷報考大學，避開宿敵數學，報考文科，復旦大學新聞系是我的首選。主考國文，試題並不難，一篇限字小品，發揮還不錯，古文譯白話文等均無大

▲朱生豪。

礙，三年的圖書館閱讀沒有白費，我很有把握主課語文，至少可以拿到八十分以上（多年之後看到自己檔案，證實了這一點），如果「政審」能過關，那麼第三志願的師範應是問題不大的。

果然，八月底，我收到由華東高考招生辦公室的信函；由於我的語文考試成績，現陝西省咸陽紡織技術學校急需語文教師，經研究決定，並徵詢我的意見，若同意可持此信辦理手續。我豈有放棄之理？我已經沒有猶豫的餘地，迫切需要擺脫令人難以生活的環境，也受夠了居委會那個盧姓女人監督的目光，我更不願已是二十一歲的成人，卻還在吃著老祖父那份微薄的退休金；總之，哪怕前面是火海，是深淵，我也絕無反悔。

很快辦好了手續，也領到了第一個月的工資和差旅費，這是我生平第一次憑自己領到的錢，感悟到自我價值的真實，一切都很新鮮。最後去派出所遷移戶口，那位戶籍警以警覺的目光盯著我，彷彿讓一個反革命的後代輕易溜掉，未免有些可惜，並特別記下了我所要去的地址。

臨行前，我還特意去看了一次我的好友樓君，自從上次打碎玻璃窗之後，我們就很少見面。今日，我要遠走他鄉，除了向他道別，還想知道他的近況。來到他家，按了好久門鈴，才見他家傭工打開一道門縫，問我找誰？我說了來意，只見她回首與誰嘀咕了好一陣，然後向我回答說：「他出遠門去了」，隨即「啪」的一聲關上了門。我回過神來，覺得事有蹊蹺，他出遠門肯定也會告訴我一聲的，一陣不祥的預感襲來，莫非他已先我進了勞改隊？我和他的家長都去了反革命的大本營——台灣，留在大陸的子女，都是被烙上標記的監管對象，這在當時重重鐵幕的中國，我們這些無辜的替罪羔羊的處境，外人誰也無法得知的。

臨行之前，老奶奶為我準備了一頓豐富的午餐。我感謝她老人家，兩次戰亂，都是她把我從小拉拔到翅膀能飛，一旦離別，不覺在一陣鼻酸中紅了眼眶。

三年的「社會青年」辛酸生活，在開往大西北的一聲長長汽笛聲中結束。但我始終有種預感，這鐵道的盡頭，像是有一頭正張著血盆大口的惡獸，在等待我的光臨。雖是二十出頭的年齡，卻已飽嚐了人間不公不義的辛酸以及被歧視、被冷漠，兩次都因戰亂而被雙親丟棄，就連最後一次能去台灣的機會也被生生扼殺，覺得自己降世為人，實在是一個沒有指望的多餘存在。記得在到達目的地之後，第一次給上海祖父寫信，信的開頭便是「我還以為自己是塊廢料，但畢竟被人收羅去了……」是的，在一個不將人當人的社會制度下，我這件被家人遺棄，被社會、被時代所唾棄的破爛，如何在這人生舞台上去伸展拳腳，且看我的時運與造化了。

闖進職場

一九五六年九月，二十一歲的我第一次出遠門。除了出生在故鄉南潯，抗戰勝利與父母、家人在南京待了不到兩年，如今從上海出發，去到一個完全陌生的地方，在忐忑之中，常有一種凶多吉少的預感，因為經過所謂「解放」至今七年的時間，我已見到不知多少個「運動」，而在每次運動後，總會處理大批遭難的人，他們重則槍決，輕則勞改，在街道兩旁或是公共布告欄上，常常可看到名字劃上紅色XX的告示，他們的罪狀都是歷史反革命，或是現行反革命，刑事犯罪分子佔很少比例。公、檢、法形同虛設，無論機關、學校，大小單位的黨支部操控著本單位屬下每一個人的前途命運。

就在我前去「走馬上任」的那年，正是反右運動的高潮，快到收網期了。這次運動是由黨中央發出「百花齊放，百家爭鳴」、「知無不言，言無不盡」、「歡迎各界向黨提意見」的開始。曾幾何時，有如變臉那麼快，立即變調成為「向黨猖狂進攻」、「顛覆無產階級專政」、「堅決鎮壓反革命」等罪名紛紛

▲反右運動留影。

落入羅網，我在上海的九叔與姑丈，就在此次運動中箭落馬，幸而是大城市，僅受到降職降薪的處分，而在其他省份的右派，就絕對沒有這樣幸運了，他們大都被開除公職送交勞教的嚴厲處分。

就在我剛到所在學校不久，校黨支部就發給我兩張紙，要我向黨提出建設性意見，並聲明不能交白卷。一個初來乍到，腳跟尚未站穩，情況根本還毫無所悉，怎能這麼快就要「請君入甕」了呢？我不疼不癢提了些小意見，總算讓我過了關；不久，學校處分了三個「右派分子」，他們全被開除教職，送交勞動教養。這是給我這個闖進職場上的「殺雞儆猴」第一課，我不禁暗暗提醒自己，今後必定要謹言慎行，千萬不可造次，想要保住這只來之不易的飯碗，定要夾緊尾巴做人，稍有閃失，後果不堪設想。

咸陽，這是秦皇朝建都的一座古城，著名的「阿房宮」始建於此，只是經歷了兩千兩百多年的人世滄桑歷史演變，昔日繁榮早已不見蹤影。站在高處，極目遠眺，但見林海起伏，群山疊嶂，天蒼蒼，野茫茫，一片黃色原野盡收眼底，從上海低矮閣樓中走出來的我，長期壓抑的胸襟為之一振，不覺引吭高歌一闕岳飛的《滿江紅》：「……駕長車，仰天長嘯……莫等閒，白了少年頭，空悲切。」一吐胸臆濁氣為快，我十分清楚，在今後的日子裡，歌唱肯定是與我今世無緣了，至於今日，這只來之不易的飯碗能捧多久，也還是未知之數，因為在我的懷中，始終掖著一顆上面寫著

「台灣製造」的不定時炸彈，而且隨時可能引爆。

離咸陽往西約一小時車程，即是臨潼縣城，從山崖深處泊泊流淌，冒著蒸氣的礦泉水，千百年來從未枯竭，據說含有多種礦物質而能治百病。驪山腳下著名的「華清池」就在這裡，附近還有一些雕樑畫棟，樓台水榭等建築物，看來不像是原貌，但它確是唐玄宗賜浴楊貴妃的原址。越過時空，我彷彿來到唐代著名詩人白居易的《長恨歌》中，那種「春寒賜浴華清池，溫泉水滑洗凝脂」的意境中，感受到「秋雨梧桐」的悲涼，襯托出物存人亡的哀傷。臨潼，也是「西安事變」的發生地而名噪中外，我特地爬山，親自感受一下當年蔣氏所藏身的那處山崖石縫，該處原有一座涼亭，題名「遇難亭」，大陸易幟後更名為「捉蔣亭」，這是國共兩黨半個世紀的恩怨情仇留下的歷史見證。

▲西安事變結束後，國民黨軍政人員於蔣介石被扣留的山崖留下「蔣委員長蒙難處」字樣。

咸陽地處黃土高原，幾乎沒有什麼建築物，僅存的幾處古城牆，也是殘破不堪，但民風古樸，生活簡單，城鄉差別不大，街道店鋪全是出售些土產雜貨，屈指可數的幾家飯館，全是為填飽肚腹的麵食，這與上海的餐館是為品嘗美味佳餚的消費觀念完全不同。再一個令人嘖嘖稱奇的是陝西人喜歡「格蹴下」，即「蹲在地上」，走在路上也常見很多人「格蹴」在路邊聊天抽旱煙，即使上餐館吃飯，他們也不喜歡坐著吃，而是蹲在板凳上進食，據說這是千百年來改不掉的老習慣。

「吃羊肉泡」是老陝打牙祭的首選。我第一次由一位當地人的老師陪同前去領教，店家先給你一只碩大無比的陶土大碗，再給兩塊烙熟，稱之為「饃」的乾餅，要自己慢慢掰碎，再給掌勺的淋上湯汁，然後在上面放上幾片熟羊肉，撮上蔥花，淋上辣油，看來好像不燙也還誘人，哪知一上口就立刻吐出來，差點嘴裡燙出泡來，那位老師立刻向我示範，說：「你看看，要這樣吃」，但見他左手托住碗底，握著筷子的右手扶住碗沿，一邊撮起嘴唇吹兩口氣，一邊將碗沿來個九十度旋轉，只聽見「吸溜，吸溜」幾聲，再旋轉九十度，吸溜幾下，三分之一的湯汁早已下肚，幾筷頭一撈，一老碗的「羊肉泡」全部報銷，但我卻耐不住燙和辣，直吃到大汗淋漓，不住的哈哈，連一半也沒吃完便放下了碗。

原來陝西人全都有很大的飯量，當地常用的土碗，足有上海一家人吃的鋼精鍋容量，一個十多歲的小孩，就能吃完一老碗的飯食。口味也全然不同，他們用餐離不了辣子、醋和生蒜頭。幾乎與他們的飲食文化有關，當地的地方戲——秦腔，也是充滿了大蒜與辣椒的辛辣，當我第一次聽到他們唱秦腔，真把我大大嚇了一跳，在一陣鑼鼓與嗩吶的喧鬧聲中，一聲拔高激越的聲音，像是從人的丹田深處，直衝頂門，噴發而出，幾乎不是在唱，而是從腹腔聲嘶力竭地吼出來的，這與我所習慣的美聲唱法截然不同。觀賞秦腔，如同吃羊肉泡，都是當地人的最愛，而每一個陝西的男人，尤其是農村裡的男人們，大多都能吼上幾句秦腔，據說京劇就是從秦腔衍生而來，但沒有秦腔那樣粗獷與豪爽。

黃土高原上還有許多穴居在山洞中的人，當地稱之為「窯洞」，由於氣候乾燥，土質堅硬，不易坍塌。我曾走訪幾處洞內參觀，除了通風、採光不佳之外，卻也冬暖夏涼，是另類價廉物美的居所。當地的居民，都過著簡樸、恬淡而寧靜的生活。來到咸陽不到兩週，大致就熟悉了當地的民俗風情以及所處地理環境。

學校的全名「西北第一紡織工人技術學校」，是直屬省紡管局新建的學校，主要是以學習紡織技術為主，文化課只是輔助性質的。學校設有實習工廠，由各地抽調七級以上保全工或八級鉗工擔任技術老師。因此，這個學校完全是為復員軍人量身定造，學習紡織技術的一所職業學校。

學生清一色全是韓戰的退伍復員軍人，有很多還穿著軍裝，大多數都有少尉軍銜，共產黨員。我對共產黨員的第一個印象，因見到中學校長的作為大打折扣，但我相信那只是個別的現象，只是令我犯愁的是，我這個反革命的後代，要負起教育無產階級革命者的重任，如不是老天爺在和我開了一個天大的玩笑，便是命運在捉弄人。但繼而一想，我在今後行事為人盡量不去踩踏「政治」這道紅線，雖然揹著家在台灣這只黑鍋，但是人總得講道理，也總得給反革命的後代留一條出路吧！雖然如此安慰自己，但總讓我如履薄冰，似赴虎穴，我深知面對如此嚴峻的挑戰，這對我將是怎樣的一個考驗的開始。

記得第一次上講台給他們上課，學生們望著講台上比他們年輕得多，又是來自上海的我，都有一種新奇的感覺與期待，他們也弄不清楚我的背景，我則早已有備而來，首先向

▲一九六三年的黃繼光紀念館。

他們表達了對他們真誠的敬意。這在當時，志願軍是被稱作「最可愛的人」，黃繼光、董存瑞這些戰鬥英雄的故事聽了不少，我感謝他們打敗了美帝，為保衛了祖國和人民的和平所作出的貢獻。

事實上我所以這樣說，絕不是矯作枉情，完全出於一片真誠，我一向對參與政治活動毫無興趣，更談不到對共產黨有任何仇和恨，面對這些全都來自農家淳樸子弟，他們也是為了能擺脫貧窮的農村生活，參軍作戰，並在槍林彈雨、九死一生中平安復員，為的也是可以來到城市有一份好的工作與生活。因此，我憑什麼理由去恨他們？就如我的父母，他們也同樣是為了工作，隨機關去了台灣，這絕非出自他們自己的意願；而今，我自己也端起這只來之不易的飯碗，而這只飯碗正是這些學生提供的，因此，我要以百倍的努力去保住它。

儘管我沒有上過一天高中，但三年來在上海圖書館的苦讀，特別是在那些文學大師們的啟迪與指引下，令我這個自小愛做白日夢的人，更傾向對文學的偏好，我始終認為文學藝術不同於理工的邏輯思維，只要多看書，多觀察，多思考，

▲董存瑞。

同樣也能達到學識的提高。

課文並不難，採用的是相當於初中的語文課本，仗著初生之犢不怕虎，也或許是我的高考語文試卷的披閱者估量了我的程度，認為教這樣的程度可以勝任而量才錄用吧！總之，我克服了最初經驗不足的困難，並證明我沒有辜負高考招生辦的期許，很快獲得了學生們的信賴與接納，不到一個學期，我與他們建立了很好的師生情誼，彼此都能融洽相處，因為都住在學校，我與他們一起聊天、打球，我也驚奇地發現自己的改變，從一個不善辭令、刻板木訥的人，竟成為充滿自信、能言善道、思路活絡的老師，有時我自己也弄不清，哪一個才是真實的我？

一天，我正在講台上課，校長突然推門進來，並坐在教室最後一排。原來他是來聽我講課的，我一點也不緊張，繼續講我的課。下課之後，他把我叫到校長室，指出我在課堂上講的「地道」講錯了，應該是「道地」才對，我不慌不忙地回答說：「您說的對，但我講的也沒有說錯。『地道』與『道地』都是指人或物的真實可靠，因地域或習慣上的不同，其意思完全是一樣的。」他聽了我的回答，便不再說什麼，以後也不再來聽課了。

一個學期很快就結束了，原先擔心啃不動的一塊大餅，總算讓我啃了下來，並且還能細嚼慢嚥，嚐到了一些滋味，趁著全校師生忙著回家過年的寒假，我準備好好充實自己，雖然我所喜愛的歌唱生涯無法實現，想必這來之不易的教師職位該是穩當的，並決心翌年再次投考大學，當時的我確是如此打著如意算盤。然而，總有一種捉摸不定的暗潮在洶湧，一種不祥的預感，時時觸動著我敏感的神經，所謂的「前途」，充滿陷阱地雷，包括家在台灣，兄長在解放之後脫逃，並有我同行的記錄，這些客觀存在的事實，有時直壓得我喘不過氣來，所有這些「反革命」因素，令我不寒而慄，有我這樣身分背景的人，去充當這些革命軍人的老師，自感不妥也不配；但自忖我沒有做任何危害新政權的不法行為，是人總該講理，想必他們沒有理由隨便開除我。

在進入第二個學期之後，我基本可以掌控整個教學的環節，與學生們的互動也更融洽，有時真讓我忘掉我與他們之間截然不同的背景，使我不禁聯想到，如果社會沒有「政治」這個怪物的攪擾，人與人的相處是何等和諧，而非得要讓「政治」挑起一波又一波的仇和恨，一部分人可以任意踐踏另一部分人的生存權利，而且要叫你狀告無門，非要將人置於死地而後快。我的憂心不是毫無道理，該來的，遲早就會回來，只是時間問題。不過，我沒有料到竟會這麼快！

一天，學校保安科的人，胳肢窩夾著一個檔案袋，踅進了我的辦公室，臉上照例露出一副奸笑，我也時常覺得奇怪，為什麼那些做保安或人事部門的人，像是都戴著同一副面具；嚴峻、冷酷的判官臉，好像你的生死命運，全捏在他的手中。坐下之後，開門見山，要我提供一個姓陳的相關材料，這人也是一年前和我一起從上海來陝西工作，後被分配到西安紡織管理局，但我對他毫無印象，提供不出任何材料，據說他是一個反革命組織的成員，已被逮捕，判刑十二年，我聽了直感到一陣驚恐，不知道為何偏偏要找我來了解情況。「反革命」、「反革命」，我最怕聽到這個名稱，但我卻早已患上了「反革命」的過敏症，可能要不了多久，這個可惡的怪物，終將陰魂附體，讓我走投無路而最終迫我就範。

「反右運動」剛結束一年，一個新的運動又開始了。此次運動的名稱是「幹部下放」，就是把有問題的人，趕出辦公室，下放到基層去勞動。事實上，上面早已欽定好了人，卻還要裝模作樣，叫大家寫「申請」，表決心。當然，誰都清楚，不寫是不行的，說

▲雲南會澤縣第二批下放幹部留影。

假話，做違心的事，正是這個時代的特徵，世上也沒有任何一個傻瓜，會自動放棄風吹不到、雨淋不到的辦公室工作，而自願去做流大汗、出大力的基層勞工。我明知道這是個圈套，但誰也沒有這個膽量敢不寫「申請」，要知道，黨若批准了你的申請，要給你胸前佩戴「光榮花」，敲鑼打鼓歡送你的，這該是何等幸運與光榮啊！

我萬般無奈地交出了要求下放當工人的申請報告，才一年還不到三個學期，好不容易進入了狀況，與學生們也建立了良好的關係，他們在得知我即將下放，都有不捨，我所教過的學生，多自發將他們在退伍前所照的戎裝相片送給我，相片後面寫著：「敬愛的張老師留念，學生ＸＸＸ贈」，這一大摞相片，是對我一年多來所做教師成績的肯定，更是沒有任何政治色彩的融洽證明，但被「共產主義」所倡導的階級鬥爭撕成了碎片。

巧合的是在我教他們最後一課時，正是法國作家都德寫的《最後一課》，內容是第二次世界大戰，德軍佔領法國前夕，一位愛國的法文老師，在給學生們上最後一堂法文課，我也正在教我人生中的最後一課。下課之後，我不再是老師，甚至連德軍槍口下的亡國奴都不如，我只剩下一具共產專政下，被任意蹂躪，供人奴役的軀殼。「苛政猛於虎」，真不愧是萬世師表的真知灼見，對於當時的我，更覺入木三分。

待宰羔羊

自一九五八至一九六〇年，這是中國近代史上空前的大饑荒，人稱「三年自然災害」，冠上「自然」，無非為掩蓋「人為」的實質。眾所周知，自一九五三年三月，蘇共暴君史達林去世不久，他的繼承者逐漸與中共交惡，矛盾日趨尖銳，當赫魯雪夫上台，更是撕破臉皮，公開叫陣，互揭瘡疤，雙方劍拔弩張，大有一觸即發之勢。中共更發表「九評」與蘇共論戰。

當時的中國在經歷了人民公社、大躍進、大煉鋼鐵、十五年超英趕美，一系列窮折騰之後，國力明顯衰竭，國內經濟更是陷入谷底，蘇共則乘機逼使，索討以前用各種名義援助的巨額借款，無疑給中國形成雪上加霜的勢態。

▲一九五八年，毛澤東與赫魯雪夫於北京合影。

又適逢連年乾旱，糧食歉收，儘管當局想出各種方法開源節流，制定不同工種的定糧標準，發放名目繁多的票證，提倡瓜菜代，甚至號召全國百姓忙時吃稠，閑時吃稀；然而，所有這一切殫精竭慮的舉措，都無法阻擋災情的擴張蔓延，不時傳出有餓死人的消息。若干年後，據有關方面透露，在這三年中，各地餓死的人至少有二至三千萬之眾，一向報喜不報憂的政府，對此是諱莫如深，三緘其口。而我們也正是在如此嚴峻的時刻，下放勞動當工人。

在中共體制下，凡以工資為生的平民百姓，大致分為兩大類：一類是所謂「幹部」，通常在軍隊中，以排長或連長以上；或是通過考試，有一定文化程度，可以坐在辦公室裡從事腦力勞動的，算為幹部了，當然幹部還得分不少等級；其他一些出大力，流大汗，從事體力勞動者，統稱為工人，並冠予一個耀眼的光環：「工人階級」，它是無產階級專政的核心力量。工人的鐵錘，加上農民的鐮刀，交叉起來，就成為共產黨黨旗的標誌了。

然而每一個在職的幹部，自願走出辦公室，甘願去從事體力勞動的，恐怕除「白痴」外，絕無旁人了。至於「勞動」並不是不好，共產黨也一再宣揚：勞動光榮，勞動創造世界，一再宣稱猴子

▲中國共產黨黨旗黨徽標誌。

通過勞動，才演變為人的進化論。甚至連北韓的共產黨，乾脆改名為「勞動黨」，將「勞動」推崇到神聖的境界。但另一方面，又將「勞動」作為懲罰「罪犯」的一種殘酷手段，既收到了懲戒的目的，又從這些罪犯身上榨取巨大財富，這恐怕是任何朝代都未曾有過的創舉。

下放幹部的「光榮榜」貼出來了，我的大名列在榜首，全校二十多人，大多數是教技術或科室職員，站講台只我一人，對我特別照顧。下放地點是距咸陽一小時車程，同屬紡織系統的國棉六廠，這是在西安東郊，一處名叫「壩橋」的地方，包括西北第一印染廠及國棉三、四、五、六廠，統稱為「紡織城」，這是西北地區紡織工業集中的所在地。

到達之後，分配工種的名單早就擬訂好了：除我以外，全都分在各車間日班值車工，僅將我一人分在「工房管理室」，我以為這是對我特別優待，只是做工房的管理工作，便興沖沖地前去報到，那位露出一臉奸笑的主任，早在等我了。打過招呼，核實人名之後，他把我領到了一間公共廁所，指給我看了一些工具，並告訴我，今後我的任務是清除全廠區大小二十多處男女公廁，並要將糞便集中在糞池，以便讓郊區農民運走。原來如此，我的血液一下衝到頂門，我連做夢也不會想到有此刻毒而露骨的設計。

我曾在前文「孤獨童年」中提到，我自小就是個神經脆弱，極度敏感的小孩，受到不公平的對待，令我終身耿耿於懷：兩次戰亂，都是將我拋下；父親從美國帶回兩件皮夾克，結果都被老大穿了去；星期天全家都去看電影，唯獨將我留在家中與傭工在一起。所有這些我都沒有反抗，全都默默忍受了，但現在看來，童年所經歷到種種不平等的訓練，還是不夠到位，功力仍欠火候，特別當我第一次以清糞工身分踏進滿是血污的女廁所時，一眼強忍的淚水不覺奪眶而出，一股忍無可忍的憤怒勃然而生，一陣無聲的吶喊在心胸湧動。

但我仍然以最大的意志力，使自己鎮靜下來。我不禁重新思考，反覆回憶，我究竟做了些什麼，令執政的黨，對我採取如此手段，非要置我於死地而後快。解放那年我才十四歲，我實在想不起任何一絲一毫，有損於黨的事情。唯一能讓我記起來的，即是一九五〇年五月一日，老大一人去了台灣，本有我的同行記錄，這也是成了我心底最沉重的心結，是否走掉的算他走運，拿住走不掉的抵罪，這實在是又一次的大不公平，在我一生中，怎麼有這麼多的不公平，而偏偏讓我一個人遇到了呢！我甚至還有預感，這只是他們小試牛刀，更大的不公平，更大的災難，可能就在後面，我彷彿已經看到躲在幕後操盤手得意獰笑的嘴臉。

一個月之後，紡管局局長前來「慰問」下放幹部，詢問大家有什麼意見或要求可以提出來。天真的我以為機會來了，我提出下放中存在不公平的現象，為什麼只讓我一人去做清糞工？（這為我日後勞改再添一條新罪狀：對黨的下放幹部政策不滿），我也要求與其他幹部下放在常日班的車間去勞動。

好吧！這是自己找的，領導當場拍板批准了我的請求。但不是其他常日班的值車工，而是分配在必須三班倒，派在後紡筒子車間擔任排紗輔助工。

凡熟悉紡織廠工作流程的都知道，筒子車間的推紗工或稱排紗工，是全廠最緊張、最髒、最累的工種，沒有一個正式的工人肯幹，通常是雇用農村的年輕人來做臨時工，但最多撐不到一個月就走人。這哪像是給人做的工，它完全是要配合快速運轉機器的一部分，只要機器一開，你就得像瘋子一般，將存紗室的紗管搬上一輛手推車，一車十二筐，每筐五十公斤，將車推進車間之後，把紗管一筐筐倒進永遠填不滿的紗槽中，往往最後一個還未倒滿，第一個紗槽早已空了，此時，你就得以跑的速度，在工頭吹響催逼的哨子聲中，搬紗、推車、倒紗。快，快，快，不到半個小時，已是大汗淋漓，渾身濕透。八個小時下來，像是剛從行刑室被拖出來一般癱倒在地，沒有想到世上竟有如此強度的勞動，而且是自找的。

而最令人難以忍受的是上大夜班，這對我這個自小就有早睡習慣的人，簡直是另一種酷刑，尤其在凌晨三、四點鐘，那種刻骨銘心，無法以筆墨形容的難受，我恨不得立刻躺在地上去睡，實在撐不住了，我向工頭要求，我必須要回去睡覺，當然，這是絕對不可能被允許的事。此刻，我後悔了，是真正意義上的後悔，哪怕再回去掏糞，我也幹，至少可以不出這麼大的力，到晚上還能有一張讓我躺著做夢的床。

我原先以為讓我去車間，可以和別的下放幹部那樣，上著常日班，只需站著接接線頭的輕鬆活，現在我明白了，我沒資格享受同樣的待遇，像是定要追討我的欠債，非要置我於死地，趕盡殺絕而後快。上海，我已回不去了，即使回去也報不上戶口，再則我也害怕那間令人窒息的低矮的小閣樓，還有那個居委會一雙審賊的目光，而且還要老祖父來養活我。想到這裡，令人不寒而慄，我哪怕死，也要死在這裡，既然連死也不怕了，我決心要見識一下，前面還有什麼新花樣，拭目以待，唯有接受挑戰生命的極限，我已無退路可走，只有背水一戰。

早、中、晚三班制的生活，打亂了正常的生活次序，我始終無法適應，夜班仍是我的最怕。只因生活失去規律，我患了嚴重的胃病，加之糧食日趨短缺，粗糧比例大增，吃慣大米的我，常常盯著難以下嚥的雜糧饃發怵，嘴巴不斷冒酸水，但上班要出大力，我必須強迫自己吞下這些食物，常常在上班時，胃疼難耐，渾身冒著冷汗，一邊推著車，一邊捂住胃部，一直要在煎熬中，硬撐到下班的鈴聲響起，我像是一具散了骨架的鬼魂，常常等不及清洗自己，回到宿舍，倒頭便昏昏睡去，更巴不得就此不要醒來。

憑著年輕，也是求生的本能使然，我終於咬牙挺過了最艱難的三個月，女工們都說我比農村來的臨時工幹的時間還長。事實上任何工種，都有一種潛在的訣竅存在，一味蠻幹是不行的，通過實踐，我摸索出一套規律與節奏，既然世界給我生存的出路只是一條窄縫，但我的意志絕不能屈從。我通常在機器的轟鳴聲中，大聲哼唱著《馬賽曲》、《鬥牛士之歌》，或別的交響樂中的主旋律，一邊按著節拍，有條不紊地完成當班的任務，這種以智慧抵制愚昧，以文明擊退野蠻，還真給我帶來一定成效。至少，提醒自己，絕對不能敗下陣來，唯有自強不息，抗爭到底，方有一線生機，我要用行動證明，我不是一個輕易就可撂倒的人；支撐我能繼續堅持下去的另一個因素，便是女人們。

紡織廠從來就是個女人們的世界，各個車間的「擋車工」，男女比例是十比一，我所在的生產小組四、五十個女工，就我一個男生。整天上班、生活、吃飯、開會，總之除了睡覺，全在一起。開始，她們都用疑惑的目光審視我，也都知道下放的幹部，全在其他車間上常日班，幹著輕鬆活，唯獨是我，不僅上著三班制，還要幹連農村青年都不幹的重活。猜測我肯定是犯了錯誤，接受懲罰的。但時間一長，發現我並不是她們所想像中的壞人，慢慢從開始接近、瞭解，並漸漸關心起來。

知道我是下放幹部中唯一的教師，也從未勞動過，她們開始盡力在工作中照顧我，有時故意手腳放慢一點，甚至幫我將紗筐放在腳旁，由她們自己倒。每當我手忙腳亂的時候，常常會給我送來關愛的目光，我深深被她們這種真誠的人性，甚至是充滿母性的慈愛所感動。到後來，甚至為我買飯，幫我拆洗被褥，清理衛生。

其中有一個女生竟將珍貴的細糧留給我，我也深有預感，時間一長，這個人，就很有可能是我的另一半。時年二十三歲的我，從未結交過異性朋友，但我絕對是一個正常的人，在那個不正常的年代裡，我不得不收藏起自己的感情。頭腦早熟的我，早就知道什麼是「食色性也」，在閱讀諸如《查泰萊夫人的情人》、《紅與黑》、《維也納森林的故事》，甚至《紅樓夢》中賈寶玉與襲人等，有關男女房幃之事，常常看得我臉紅心跳，血脈賁張。

我相信自己絕不是一個坐懷不亂的偽君子，但我卻有極強的自制能力，我十分清楚，連一個生存權利都時刻受到威脅的人，哪有資格去談情說愛？就目前處境，個人前途堪慮，不能害了自己，再害別人，儘管有時會情不自禁，做些旖旎春夢，但屢次我都強行按捺住情慾的蠢動。自小到大，我只學會了一種本領，那就是忍耐、克制，甚至是自我扼殺，為的是適應在專制獨裁，強行壓制，令人窒息的環境中生存。一切應該得到的，統統被剝奪了，一切不公不義、不平等的，必須強行接受，有時還得命令你三呼萬歲，感恩不盡。

轉眼半年過去了，憑藉我的意志與毅力，我終於像訓練一匹不馴的悍馬那樣，將原先認為不可勝任的重體力勞動，也能駕輕就熟了。有時，還有空檔幫著做別的事，一同共事的女工人們，對我的觀點也大大改變了。有時我也在想，既然揹著家庭的黑鍋，教師不讓我當了，但這個連農村臨時工都不願幹的推紗工，賞給我幹就可以了，總得讓我也有一口飯吃罷！

時序來到五八年秋，反右運動結束不久，下放幹部運動也剛歇腳，一個新花樣又出現了，這個新來的運動，光聽名稱就很玄乎：「向黨交心」運動，就是說要你交待你是否做過，或想到過有任何不利於黨的言和行。這就是以後有「思想犯」這一新品種、新名詞的由來，並堂而皇之正式登場，並由我，即將享用這一新鮮的果實。

按照慣例，仍然是先學文件，領會精神，堅決響應，並簽署姓名，呈交領導。依舊扯起「坦白從寬，抗拒從嚴」的招魂幡。於是除了上班，睡覺之

▲東北師範大學一九五八年彙編的「向黨交心」資料。

外，就整天開會，揭發交待，隨時準備批鬥了。

全組五十多名幾乎全是來自農村的姑娘們，她們與「政治」根本就沾不上邊，實在是無話可說。於是我成了禿子頭上的虱子，我不僅來自上海，更是在下放幹部中，唯一幹著最重的活，明擺著內中定有隱情。因此，主持會議已入黨的小組長，也常把目光投向我，像是在催逼我快快交待。

事實上，從運動一開始，我就預感到這次運動完全是為我量身定造的，要我獨自承擔家人去台的責任，我怎能擔待得起，他們的去留豈是我所能決定的？而我這隻替罪羔羊，不是才從學校的講台上被拉下來，去清掃廁所，目前也還在車間罰我幹重活；我搜腸索肚，實在沒有任何「罪行」可交待的，而別的人始終認為我是在拒不交待，負隅頑抗，對抗到底。

一天，會場來了一位工廠保衛科的幹部，同樣，長著一

▲「鎮壓反革命」運動留影。

副判官臉，嘴角那一絲隱藏的奸笑，好像要讓「階級敵人」不寒而慄的樣子。照例，胳肢窩夾著一隻檔案袋，或許裡面裝著已經收集到的如山鐵證，包括我顛覆政府，私藏槍械，或更嚴重的罪證，就看我是否願意「向黨交心」，是否願意走「坦白從寬」的路了。只見他坐下一邊蹺起二郎腿，一邊點燃一根紙煙，慢條斯理地說：「聽說在你們組裡沒有人發言，難道說就沒有問題嗎？」會場仍是一片沉默，然後，目光對著我說：「希望你懸崖勒馬，能主動交待，不要有任何顧慮，要相信我們黨的政策始終是坦白從寬，抗拒從嚴的，希望你不錯失良機。」

沉默，仍然沉默，終於，他直截了當點出我的名字，並問我可有什麼想法，我的大限終於來到，災難來臨，想躲也難，閻王爺打開地獄之門，呼名道姓有請了。「我實在想不起有任何可隱瞞的，假如有，我一定會交待」，我囁囁地回答。「你敢說你沒有問題？今天就看你的了，我們還想挽救你，不希望你自絕於人民，你不想在會場上交待，寫出書面材料也可以，老實告訴你，你的問題很嚴重，看你走哪一條路吧！」

散會之後，晚上還要上夜班，我的心情越來越沉重，我陷入了苦思冥想之中，他們究竟掌握了我的什麼罪證，他們不講，定要我「坦白」，我也不知道該坦白什麼，不交待，就是抗拒，抗拒就得從嚴，我已無法為自己抉擇，前面只是死路一條。

小組會已不讓我參加了，無論我上什麼班，下班之後，必須到保衛科，勒令我非交待問題不可，僵持數天之後，審訊逐漸升溫，他們換人對我採取車輪大戰，疲勞轟炸，而我還得照常上班，鐵打的漢子也經不起如此折磨，我徹底被擊垮了，此刻，方知在過去的運動中，有那麼多人被逼瘋、逼死，實在是像我現在所遭受到的一樣，令人忍無可忍。

看來對我一點問題都沒有交待，是絕不善罷甘休的，為早日擺脫困境，我說曾寫過「打倒共產黨」，想必這是最簡捷的方法了，但我拿不出證據，就如他們也同樣拿不出證據，來證明確有其事。我的這一舉措，實屬走投無路，像是被惡犬咬住不放，只有連肉割掉，方能脫身一樣，而且還在迷信「坦白從寬」這根最後的救命稻草，看看閻王能否開恩，放我一馬，更何況我目前在車間正在勞改呢！但只交待寫過「反動標語」還不行，還有更嚴重的反革命罪行沒有交待出來，要我「竹筒裡倒豆子」，只有徹底交待，才能得到黨的從寬處理。如此蠻橫無理，糾纏不休，已將我逼到忍無可忍，一天，在保衛科的辦公室裡，我憤然拍案而起，撂下一句：「悉聽尊便」，奪門而去。

此後，他們果然不再找我，充分享受了幾天暴風雨之前的寧靜日子，等待著於無聲處聽驚雷吧！我也十分清楚，大限已至，引頸待宰。往日為我買飯、送水，幫我整理衛生的女工們，此刻都像躲「瘟疫」般避開我，彷彿此時才恍然大悟，我為什麼要來幹這麼重的活，原來是個隱藏的反革命分子，因此，誰也不想引火燒身，惹來一身腥臭。

一天，放工走出車間，不覺眼前一黑，差點摔倒，回到宿舍，四肢無力，鼻孔流血，我知道這是內火攻心，身體極度虛弱，已經快一個多月了，每天過著生不如死，夜不成寐，食不知味，噩夢連連的日子。還好，我終於盼到了那久等的一天來臨。

一九五九年元月二十九日，這是我終身難忘的日子。那天，輪到我們的工區小組上中班，照例在下午兩點召開班前會，由車間主任與往常一樣，講一些生產上的事情，散會前，突然進來保衛科的一位幹事，說有重要事情，要大家耽擱一下，然後走到台前，從口袋中摸出一張紙，向大家說道：「現在，我宣布：我廠筒子車間工人張ＸＸ，因現行反革命罪，開除公職，實行無產階級專政，予以收容逮捕。」

這恐怕是有人類社會以來，最荒誕、最離譜的宣判，哪有光有反革命的名稱，卻無一點事實內容，也許思想犯原本是一種無色無味無嗅的東西一樣，欲加之罪，總有萬般理由，要知道偉大、光榮、正確的黨，從來是正確的，你懷疑嗎？那你就是反革命了，因此，不需要有任何證據，說你是，你就是！你要反抗嗎？那就罪加一等，反抗無產階級專政，無須贅言，當我一聽到對我的宣判，我十分從容地站了起來，坦然走到台前，高舉雙手，接受上銬，幹事擺了擺手，繼續宣布另一個因盜竊收押的人，只是在他聽到名字之後，竟軟癱在地，需人攙扶他上台，在他的宣判書上，倒還列舉了多種贓物的名稱，像是罪有應得的樣子。至此，西北國棉六廠在「向黨交心」運動中，取得了輝煌戰果：抓住了一個「現行反革命」和一個盜竊犯。

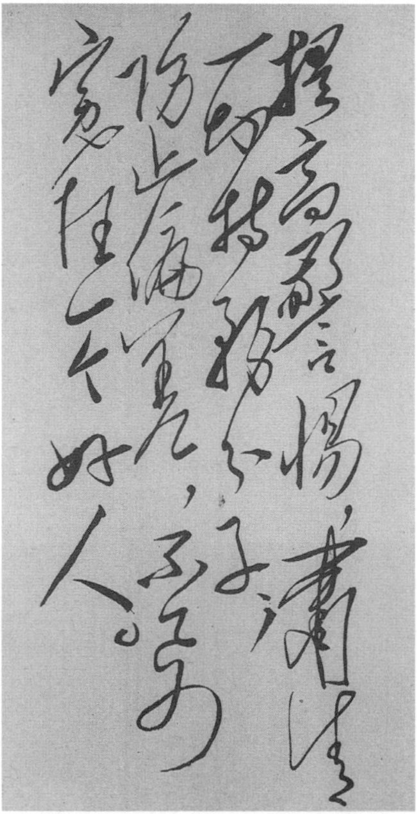

▲毛澤東於肅反運動期間的題詞。

直至三十多年之後，方知該次運動是繼一九五〇年的「鎮壓反革命」運動的第二次肅反運動，對外宣布是「向黨交心」運動，又稱「公安大躍進」運動，即是發動全國各地的公安系統，大張旗鼓，全方位的大逮捕。據說公安部門向各單位、學校、工廠、機關下達了硬性指標，難怪保衛科的人要夜以繼日地審訊逼供，為的是要湊人數，出成果，完成指標，可以交差了。

宣布完畢，我由保衛科的人陪同，押至宿舍打點行李，還是那只才兩年多從上海帶來的箱子，一捲鋪蓋，還有不少書籍。自運動開始，我一直因心理壓力而不思飲食，臨行之前，我忽然胃口大開，被准許在食堂買了四個菜包，三口二口全吃下肚去。此刻，即使將我綁赴刑場也不足為懼，好像我一直在等待著這一天，而當這一天終於盼到的時候，似乎還有一種釋然的輕鬆。

上車之前，押送我們的人不忘為我們兩人分別照相存檔，好讓全廠職工認識我這個「現行反革命分子」的尊容。當我們離開廠區大門的時候，一張早就寫好的布告，已經貼在布告欄裡了。

進收容所

西安，古稱長安，她的鼎盛期應在唐朝，西安城以鐘樓為市中心，四條大街，向東南西北四個方向延伸，很像一個四方形的棋盤。古城牆保存完好，南郊集中了多所大專院校，一九五六年，上海交通大學也在此成立分校。西安城是一座古代與現代文化氣息都相當濃郁的城市；南郊的小雁塔與大雁塔，是著名的旅遊景點，離市中心不遠的「碑林」，堪稱是中國書法博覽會所在，裡面保存著大量歷代書法家的石刻碑牌，故稱「碑林」，大門的牌匾出自郭沫若之手。自小就愛好中國書法的我，在下放六廠期間曾多次造訪，經常也會買些拓片帶回臨摹。離西安火車站不遠，便是我們要去的收容站了。

乍聽收容站這一名稱，就不免令人聯想到破爛回收站，貓狗或流浪漢一類的難民收容站，而我

▲郭沫若。

們要去的收容站，是隸屬陝西省公安廳第七勞改大隊管理，對外名稱為「何家祠堂」，它是在一條僻靜的街道上，只要是老西安的本地人，幾乎沒有一個不知道大名鼎鼎的「何家祠堂」；這很類似解放前上海的「七十六號」一樣，凡是老上海的人，誰都知道原靜安區的杰斯斐爾路，現名武定西路七十六號，同樣都是收容關押囚犯的地方。三十年風水輪流轉，現在該換一個黨來收容它的「政敵」了，這有些像一個師傅教出來的兩個徒弟，只是一個比一個狠罷了。和上海的「七十六號」一樣，何家祠堂外觀看不出有任何異樣，也沒有任何標誌或招牌，但從高牆上圍著電網的四角崗哨，以及門口站著荷槍實彈的士兵，便知道這是什麼場所了。

進入收容站之後，第一步就是搜身，渾身脫

▲上海的「七十六號」。

光光，連鞋子、行李、被子的四角都要摸過、捏過；將小刀、小剪，甚至刮鬍子的小刀片統統搜去，在我的箱子裡，還找到了我在下放時，學生們送給我那一大摞戎裝相片，問我這些是什麼人的相片？我說了原委，他們也弄不懂，一個「現行反革命分子」哪來這麼多革命軍人的相片，居然還稱我為「敬愛的老師」。是的，「革命」與「反革命」，這個問題實在太複雜了，還是留給後世的人，慢慢去研究吧！

搜身完畢，我們被帶往監所，那是陝西最常見的簡陋平房，踏進房門，除了留一條窄窄走道，全是鋪上稻草的地鋪，地鋪的兩頭，分別由幹部臨時指定的正、副組長佔用，我們就像沙丁魚那樣，一顛一倒，一個緊挨一個，若要去廁所，先要向組長請假，出門之後，必須大喊一聲：「報告班長，上廁所！」門外崗哨喝一聲：「去！」方可出門，否則就要作逃跑論處。

每天凌晨六時起身，七時開始整隊，點名，由組長帶領去一間大房子中勞動——糊火柴盒，幹到上午十時開飯，大家都在大院圍圈而坐，每組派人去大灶領飯，每人一塊玉米發糕，一桶上面漂著幾片菜葉的玉米稀粥，餐具自備，稀粥自舀，每人只許一勺，看看別人不是小臉盆，就是大口杯，有的經驗老到，動作利索，關鍵就在於勺子提起來那一剎那，餐具就立刻接住，我就吃虧大了，只有一個小漱口杯，舀進杯裡還沒有人家的一半，看來當務之急，就是需要有一只大口杯，反正這口牢飯是吃定了。半小時的吃飯時間，不到五分鐘就吃完了。飯後整隊，仍去糊火柴盒，直等到下午四點開第二次飯，仍是上午同樣的飯食，雖說勞動強度不大，但一天兩餐，玉米發糕的分量又不足，我開始感受到飢餓將是我面臨的新威脅，有時常常餓得我無法入睡，我已不敢再去多想怎樣去面對即將來臨的日子了。

挨著我左邊睡的賈某，他先我一天送來，是位年過半百，原是西安政法學院的講師，留法的歷史反革命；緊挨我右邊是位「盲流」，盲流是當時的時代產物，因受不了饑荒，從農村逃出來流浪乞討，盲目流竄，故稱之「盲流」。我問他為什麼被收容？他回答說：「我也不知道，只看見火車站有人在敲鑼打鼓，說是招工的，管吃管喝，還有工做，就進來了。」原來抓進收容站的，不都是像我這種「有問題」的人，而是普通百姓，同樣是機會均等，

▲一九五〇年代北京的右派分子下放至黑龍江北大荒農場勞動教養留影。

敞開了勞改大門，人人可進來。到後來才聽說是為了完成公安大躍進的指標湊夠人數的，這真是曠世奇聞，若非親身經歷，豈是外人所能得知的內幕消息？像這樣的盲流，後來在勞改隊中還真見到不少，他們既非政治犯，又非刑事犯，即使有，也只不過是些小偷小摸，根本構不成犯罪，這裡有必要將當時中國大陸公、檢、法作一簡單介紹。

自一九四九年十月，中共從國民黨手中奪取政權之後，就開始全面實行無產階級專政，顧名思義，「專」字就是公開的專制與獨裁，連「民主」這塊遮羞布也免了，更遑論民權了，而檢察院、法院之類的功能及其運作，庶民們知之甚少，一般百姓只知道公安局和派出所，對「法律」這一空洞的概念毫無印象，一切服從於黨，聽命於權，權大，法就大，權大於法，灌輸一套下級必須絕對服從上級，而上級永遠正確的法規。儘管也頒布過所謂《憲法草案》的官樣文件，聲稱「人民有言論、集會、遊行等自由」，就是對黨歌功頌德的言論自由；開展聲討地主、資本家的集會自由；以及載歌載舞，高呼萬歲萬歲那種大遊行的自由，若是離開了這些劃定的框框，稍有偏頗，立時祭起「無產階級專政」的尚方寶劍。試問，誰還敢要規條之外的任何自由？

一九五二年，當時的政務院（後改為國務院）院長周恩來，更是從蘇聯老大哥那裡，搬來了全套「勞動教養」的懲處制度，大大簡化了從拘捕、起訴、審訊、量刑、判刑到送監執行等一系列繁複的司法程序。各地大小機關、工廠、學校的黨組織或人事保衛部門，都可以將本單位的人，直接送進當地公安部門的收容站（我正是如此送來的），收容站就來者不拒，多多益善，照單全收。而將人送到之後的原單位，就不再插手過問，因此人只要跨進了收容站，基本就等於被判處了無期徒刑。所謂的勞改、勞教全都攪和在一起了，名義上也有「年限」，時間一到，只是改個名稱：「就業人員」，給你一點只能養活一個人的最低工資，其他一切照舊，包括從事原先的勞動、警衛的看守、睡通鋪、吃大灶，唯一的自由，出門上廁所可以不喊「報告班長」了。就此，一直將你關到死為止。因此，「收容站」是進來容易，出去難，人人聞名色變的鬼門關。

何家祠堂收容站，幾乎每一天都陸續有人送來，聽說只要湊夠人數，馬上就有人來接走。原來，這裡集中了來自西安、咸陽、寶雞、關中甚至陝北、陝南等各地送來的人犯，可以說這裡是一個勞力資源集中的所在，永遠有取之不盡的廉價苦力，只等著任何那個勞改場所，隨時上門前來提「貨」罷了。

在一邊餓著肚子糊火柴盒，一邊等待去處的日子裡，我也漸漸從觀察新來的人，基本能判斷出來自何方人士；一般面色凝重，神情憔悴的，多半是像我這種「政治犯」；而行囊簡單，一副蠻不在乎的模樣，十之八九都來自社會的人渣。被送到收容站的人中，也確有許多作奸犯科，甚至刑案累累，真正罪有應得的人，其中不乏幾進幾出從勞改到就業，從就業到勞改的「勞改油子」，通常從他們口中，隱約能知道許多前所未聞的另類新聞，他們如數家珍一般描述發生在勞改場所的種種內幕奇聞，也絲毫看不出有任何改惡從善的跡象。

也是從這些人嘴裡，才知道在陝西省，竟有如此廣泛的勞改事業；不僅有工廠、農場、燒磚瓦、石灰，據說最近還開發了一座新的煤礦，那是公安部門最賺錢，當然也是最危險、最吃重的勞改單位，我們聽了都暗暗吃驚，希望千萬別送到那兒才好。明知身不由己，也只有聽天由命了。

來收容站已有許多天了，只要把任何人送到這兒，一切階級消失了，一切文明規範不見了，只見到博士與文盲同寢，教授與盜賊共臥的奇觀，提前實現了國父孫中山先生所倡導三民主義中「世界大同」的宏願。由於不上夜班只是坐著幹輕活，但飢餓卻是另一種難忍的煎熬，一天兩餐，只是一小塊玉米粉發糕，一小杯稀粥，吃下肚去就連半飽的感覺都沒有，至少我還可以再吃四塊，但我已不再有吃飽的權利了，哪怕只是一種發霉的粗糧食物。我深信，今後我將面臨的勞改生活，飢餓將是另一把奪命尖刀，這是我在下放到六廠始料未及的，而且，我已預感到今後無論去到何處，肯定將是在飢餓狀態中，從事極重勞動雙重夾擊下的凌遲。終於，聽到消息，我們這批人，已有勞改單位來人提「貨」了。

我們被命令在大院中集合，個個像是等候閻王發落的小鬼，懷著忐忑的心，豎起耳朵聽。不幸，我們這批四百多人，全部被新開發的勞改煤礦要了去，那個從煤礦前來領人的幹部，向我們介紹煤礦的生活有多好，光說早餐就有油條豆漿供應，我知道，油條豆漿連新加坡總理李光耀都喜歡的早餐，我們這些勞改犯都能享受，想必生活一定不錯。「X你媽！」不知誰低聲罵了句髒話，我轉身望去，原來就是那個幾進幾出的「勞改油子」，原先就有些半信半疑，此刻，還未到嘴的油條豆漿，就提前泡了湯。

我們被通知有一天準備時間。家屬在附近的，可以前來接見，其他人如需購物，可先登記。我只要買一只大口杯，反正這口牢飯也吃定了，也不知要吃多久，在西安我連一個熟人都沒有，眼看別人妻兒老小，大包小包的，我倒省了一份牽掛與不捨，加上二十四歲的年齡，無疑比他們多了兩個有利條件去勞改。但我還是十分清楚，即將面臨的挑戰肯定是人生的極限，我自小就沒有受到過父母的關愛，也從未得過什麼公平的對待，所以也不必自憐自艾，只怪自己生不逢時，命途多舛。

時至今日，過去所受到的不公不義，反倒成了我的性格的一部分，也只有我清楚，我從未做過什麼「反革命」的勾當，我是一個膽小怕事的人，當「反革命」也得夠膽才行，更何況我對政治不但絲毫不感興趣，更是十分厭惡的東西，我又怎麼能去書寫「反標」，相信審訊我的人，也定然明白我是為要早日擺脫無休無止的逼訊，而杜撰「反標」以求脫身；否則，我真會被他們逼瘋的，更作夢或因我這一「坦白」，撈根「從寬」的稻草自救，最終仍然碰到了鐵板。

總之，因著無法改變的家庭背景成了替罪羔羊，我必須忘記所有這一切，從今往後，我必須學著像山中的林木，林中的野獸那樣，沒有思維，沒有知覺，順其自然去面對黑暗、風暴、饑饉與荒謬，讓一切屬於人的感覺統統見鬼去罷！既然這個所謂執政的黨，已不再把我當作人對待，我也不自作多情憐恤自己，人為刀俎，我為魚肉，我在內心深處大聲吶喊：「放馬過來，我已經準備好了。」

我們要去的煤礦全名是「新川石油煤炭聯合廠」，所有的勞改單位名稱，都要冠上「新」字，什麼「新安農場」、「新生磚瓦廠」等等，表示犯人通過改造，成為新人的意思。而「新川石油

▲大躍進時期的宣傳海報：「以鋼為綱，全面躍進」。

煤炭聯合廠」只開煤炭，從未有石油，不知何故，由於煤礦是在大躍進年代開採，所以又名「躍進礦」，因離銅川向北三十七公里，一處叫崔家溝的地方，也可叫「崔家溝煤礦」，這三個不同名稱，事實都是同一個礦井，隸屬陝西省公安廳第七勞改大隊。出發的一天終於來到。下午四時，我們各自打點好行李，在大院集合，重新編隊、點名，點到一個蹲下；再點一次站起，然後由煤礦前來領人的向我們訓話，並宣布三大紀律：一、要嚴格聽從警衛命令，不准亂動。二、要牢記前後左右的人，必須緊跟隊伍。三、若有事必先報告，擅自離隊或半路脫逃者，一律格殺勿論。行前再開一次飯，並每人再發一個玉米饃，言明是路上吃的，但幾乎每一個人，一拿到手，就裝進了自己的橡皮口袋。

親屬在附近的，都紛紛前來送行，上演了一幕幕妻離子散，生離死別，難捨難割的場面，有的甚至痛哭失聲，悲痛欲絕，也許他們也知道我們要去的地方，是一座新開採的勞改礦，故此，情緒升溫而失控。

行李需要自己扛，從收容所到火車站雖然不遠，但至少也得三十多分鐘的路程。我一手提著一只箱子、一網袋書，肩膀上再扛一捲鋪蓋，走不了幾步，已是大汗淋漓，渾身濕透，再加上在收容站從未吃飽過，體力實在虧損太大，不堪重負，我開始先扔掉那一網兜書本，再開始扔箱子，此刻的我，巴不得連我自己也扔掉算了。突然，一旁的警衛大喝一聲：「幹什麼？」我說實在拿不動，扔掉總可以吧！警衛立刻命令兩個行李不多的盲流為我代扛，我只扛一捲鋪蓋，倒也輕鬆不少。

沿途民眾指指點點，駐足觀望，長長的隊伍兩旁，是全副武裝的軍警押送，十幾個街童緊隨左右，邊走邊喊：「槍斃囉！槍斃囉！」警衛們吆喝著驅趕他們，但一會兒又像蒼蠅一樣圍了上來。

臨近黃昏，好不容易來到西安火車站，那裡早有一列裝載牲畜的「悶罐子」車等著我們。我們再重新整頓隊伍，按組為單位，連人帶行李爬進車廂，一陣惡臭撲鼻而來，鐵門也隨即「銚噹」一聲關上，警衛們上了別的車廂。在一片漆黑中，好不容易藉著車頂一盞半明不滅的馬燈，才辨認出地上鋪著碎秸，滿是牲畜糞便的車廂全貌，在車廂的一角，還放著半截汽油桶，這大概是供我們小便用的。朦朧之中，列車像是開動了，掛在車頂那只昏暗的馬燈，在列車的晃噹聲中，不住搖曳。我半躺在行李捲上，又睏又乏，閉目養神，思維出奇地清醒，但我已不能再去多想什麼了，現在的我，好像靈魂已經出竅，只剩下一具任憑奴役的軀殼了。

拂曉時分，列車像是停住了，隨即「呼拉」一聲外面鐵門拉開，一道耀眼的紅日已然升起，我們全都瞇起了眼睛，等待適應強光，才看清楚車站全貌，原來這裡是一片煤場，由運煤大卡車在此集中，再運往各地。不遠處一字排開數十輛裝煤大卡車，相信這是為我們準備的。我們紛紛爬出車廂，連人帶行李，就地列隊、點名。然後，以二十人一車，裝滿了所有車輛，在每輛大卡車的前後方，都站著手持蘇式轉盤機槍的士兵把守，從槍械與服飾來看，像是換了另一批押送的警衛。

大卡車在蜿蜒的盤山公路吃力地爬著坡，緩緩前行，路旁盡是茂密的原始森林，或是斷壁殘崖，深不見底的山谷，難怪戒備森嚴，此處不僅容易脫逃，也不易找到。我們像是在騰雲駕霧一般，忽高忽低，忽左忽右，正在顛簸悠忽之中，突然，前方傳來一聲吆喝：「站住，站住。」隨即一聲清脆的槍聲，在山谷中四處迴響，大家不覺一驚，隨即，人人站起身來，想看個究竟，隨車警衛一聲暴喝：「蹲下！統統蹲下！」立即用槍對準了我們，我們都乖乖地又重新蹲下。

車隊在半路停下來，「肯定是有人逃跑了」，有人咕噥了一句。從我們車上下去了一個警衛，奔向前去查看情況。此時，我直起腰四下眺望，原來這裡正處在上坡的拐彎處，車速較慢，車廂不高，跳車逃跑極易做到，所以每輛車必須前後配備兩名警衛，但逃跑仍然發生了。問題是四周全是莽蒼荒原，前不著村，後無店家，即使脫逃成功，恐也難以逃離這高山峽谷的蠻荒之地，我不禁為這位逃亡者的膽識折服，也更證明了自由的珍貴，敢以生命的代價取得，也無所懼。

我們在寒風中苦等，希望早些可以繼續上路，有人已按捺不住內急，要求下車方便，車上唯一的警衛，用槍指著我們說：「可以站在車廂朝外尿！」一邊拉槍拴，一邊警告：「你們全都給我老實一點」；於是我們人人都站在車廂兩側與後面開始泄尿。直等到黃昏臨近，從我們車上下去的那個警衛，罵罵咧咧地回來了，看樣子，幾個小時的搜查圍捕，並未成功。事實上隨便在任何一處草堆樹叢中一藏，即使撒下天羅地網，也難以捉拿到案。

車隊繼續緩緩前行，直到夜色降臨時分，車子戛然而停，我知道，這裡就是我的服刑之所——崔家溝勞改煤礦了。

人間煉獄

我們一個個連人帶行李，幾乎全是從車上滾下來的，因是先搭乘裝載牲口的「悶罐子」車，再換乘運煤的大卡車，人人滿身麥秸、塵土與煤灰，一張張大花臉，驚恐地四面張望；但見一片荒野，竟看不到任何有人居住的跡象，更不知道可以容身的房舍在哪裡？灰暗的天空開始飄起雪花，頃刻間，便成了鵝毛大雪，屈指算來，今日該是農曆新年初二，此刻，家家戶戶正在歡聲笑語中，圍桌享用豐盛的年飯。突然，我感到胃部一陣痙攣，原來還是昨日在西安收容站吃的那一餐，原本中午時分就可到達，因發生逃跑事件，整整折騰了一天一夜，滴水未沾。累、渴、冷、餓、睏，五刑齊上，這是我們來到這人間煉獄，最初嚐到的滋味。

隨著一聲尖銳的哨子聲，「趕快，趕快，集合點名！」我們被命令分成四列橫隊，仍如出發前那樣：第一遍點名，蹲下；第二遍點名，站起。然後，由一名礦上幹部模樣的人，來到我們隊伍面前，逐個作近距離端詳，凡被點上的，向前跨一步，沒有點上的，仍留在原處。忽然，我像是立刻明白了什麼，快到達我跟前時，我盡量將腦袋往大衣領子裡縮，同時，不住地搖晃著身軀，像是要隨時倒斃的樣子，一邊盡量避開他那雙挑選牲口販子的目光。滿臉煤灰的我，也看不清實際年齡，他站在我面前，疑惑地端詳了好一會，沒有叫我，轉到下一個跟前去。我鬆了一口氣，直至今日，我真要感謝我的神明的庇佑，被挑出來的，全部下井，以後的事實證明，當時的我，離死亡僅是一步之遙。

被挑出來的人，已由井下連隊帶走。僥倖留在地面的，又重新編隊，勞改隊編隊是分組、分隊、中隊，直到大隊。我被編入三中隊，二分隊的第三組；每組四十人，三個組一百二十人為一個分隊；三個分隊三百六十人為一個中隊，對外信件聯絡，寫上編號即可。正、副組長由幹部指派，他們大多是有體力，能帶領勞動的人擔任；分隊長原先由幹部任命先前有背景的人，他們是唯一不必幹活的監工，但後來也由幹部自己擔任，稱之為「生產幹事」。每個中隊設立「管教幹事」一名，負責一個中隊的檔案管理、政治學習、思想改造等工作。中隊長則是級別較高的基層領導，一般由軍隊轉業的連級軍人擔任，他們則是向礦領導負責接受生產任務，下達指標，通常也去工地視察監管，這樣，每個中隊既成為獨立的勞改單位，又配合全礦開展各種不同的工種勞務協作。

編隊完畢，由中隊任命的分隊長，又宣布了各組的正、副組長，然後，由中隊長親自帶隊，向住地走去。

原來，在我們之先來礦的人，早已就地挖好了幾十處離地面僅一公尺的地窩，長度剛好能容納一個組的四十個人，每個地窩上面均用樹枝與針葉松搭成「房頂」，遠看像是幾堆爛柴草，這也就是下車之後不見房舍的原因，我想這是世上所有被稱之為活人最廉價，也是提前讓我們「入土為安」的居所，這遠比搭個牲口棚更為簡單，也多虧這個偉大的黨的偉大創舉。每個「地窩」裡面，仍如收容站那樣，全是鋪著麥秸或稻草的通鋪，只留一個出入口。過道上已經生了幾個火堆，那些剛挖出來的大塊煤炭，此刻正冒著嗆人的黃黑色濃煙，好在「房頂」都是樹枝搭建，不怕煤氣中毒。正、副組長各佔通鋪的兩頭，這使我十分羨慕當組長的特權，我們仍是一顛一倒，一個緊挨一個地睡，與收容站一樣，晚上小便回來，必須左推右搡，方可容下身來。

從收容站出來的路上，我想要扔的箱子和一大網兜的書本，一直由兩位盲流幫我扛到這裡，因無處存放，只能擱在地窩的出入口，現在的我，偌大的世界，只為我留下地炕中兩個半拳頭的容身地，箱子與書本已毫無用處，也無處存放，我只拿了幾件衣服，其他全部交給幹部扔掉。

一切安排好，分隊長一聲令下，要各組派兩個人去大灶領飯：一人擔桶，一人擔筐，陝西省的勞改飯，幾乎全身一個樣：自舀的玉米稀飯，每人一個玉米饃，不過，此刻這清倉霉變的玉米饃，吃進嘴裡，竟遠勝新年飯桌上任何美味珍饈，我們大家實在都餓極了，而且大家也都明白，像這種餓極的感覺，今後將如無法擺脫的刑具，讓我們生不如死，苦不堪言。從收容站託人買的大口杯，現在正好派上了用場，舀稀飯的技巧，經過收容站的訓練，也長進不少。今後，我服勞役的能源全藉由這一小塊雜糧饃，以及無比珍貴的點滴稀粥上了，除此以外，我實在想不出還有什麼方法獲得額外的食物。三年自然災害，現正處在最嚴重的時期，即使在外面，都面臨物資匱乏，特別是糧食奇缺，所有這些外界情況，以及目前處境，我十分清楚，今後無邊的災難已難以想像了。

晚餐後，恩准我們可以就寢，並宣布明天的生產任務是上山扛木料，聽說這是為礦上修建房屋用的。當天實在太累，我們這些只是比死人多一口氣的活人，提前「入土為安」，躺在地窩裡，立刻就沉沉睡去。

好像才睡不久，就被起床的哨子聲驚醒，感覺渾身酸疼，掙扎起身，想要洗漱，記得昨日滿身塵土煤灰尚未洗去，但被告知，當地水源缺乏，就連大灶的食用水，都由專人從遠處挑來的。我們吃飯都是限定每人一小勺，根本沒有水可供洗濯，反正我們也不像人了，凡是人的生活習慣，一概免了罷。

今天是到礦第一天，早餐過後，整隊上山。由於昨日在來礦的路上，就發生了一起逃跑事故，今天加派了警衛，並帶上四隻警犬一起上山。昨晚一夜大雪，山高林闊，寒風刺骨，滿山遍野白茫茫一片。這樣的天氣，如此的地域，即使放我一馬讓我跑，我也寧可回礦，至少那兒還有一個地窩可蹲，一口雜糧饃可吃，天地已經容不下我了，所能給我的就是那麼多，認命吧！

四隻警犬在雪地裡歡快地蹦跳，不時停下，向後邊跟不上隊伍的人吠叫幾聲，持槍警衛也不時

▲大饑荒時期民衆搶食留影。

吆喝：「跟上！快跟上。」我這個從未爬過山的人，空著身子早已汗流浹背，氣喘不已，好不容易到達目的地，已近中午時分，早上那點食料，早已消化殆盡，又累又餓的我，好想先讓我坐下來，先吃些東西，喝些水。做夢吧！我就連喘口氣的權利都被剝奪了。

在一疊聲「快，快」的吆喝聲中，大家都在挑選先前早已伐倒的木料，大都在十多米長，五十多公分的直徑，至少有百來斤重。我挑了一根，先深深吸了一口氣，然後強迫自己，竭力從骨縫中擠出來的一點勁，先將它豎起來，拼命將它往肩上扛去，在搖晃中差點摔倒。齜牙咧嘴，勉強直起了腰，跌跌撞撞跟著隊伍走。此時的我，恨不得連人帶木料，從山崖上跳下去，早些了斷這可咒詛的生命。前文提到我被下放國棉六廠，當推紗管的輔助工，認為苦不堪言，想不到如今還有更厲害百倍的，前者只是累，而現在卻再加上極度的飢餓，這就成了一把雙刃的利劍，讓我生不如死。

腦袋一片空白，靈魂已然出竅，我連自己也不知道，究竟是怎樣回來的，總之，我的這個人是回來「地窩」了。這是因「現行反革命」罪，被抓進來第一天的勞改生活，終於讓我體會到了什麼是「無產階級專政」！而且，這個專政還要去「解放全人類」的。我已經不能再說什麼了，只知道這個專政已經不把我們當人了；那麼，我們自己也不必把自己當成人，否則只會給自己帶來更大的痛苦。我深知，即將有許多與我相仿的人，恐因無法忍受這非人的折磨而自我了斷；但我心有不甘，能撐多久算多久，肉體可以摧殘，精神絕對不能屈服，這是一場生死較量，也是意志與命運的對決。

夜晚，我躺在「床上」，兩個從未壓過重擔的肩膀，早已火辣辣地全腫起來。透過樹枝搭建的「房頂」縫隙，望見天空閃爍的寒星，突然，一顆流星，曳著長長的尾巴，隕落在夜空中。外面北風肆虐，窩棚過道上三堆冒著濃煙的煤炭，正在熊熊燃燒。許多人早已鼾聲大作，而我則渾身酸疼，連脖子也抬不起來了。似睡非睡，迷惘之間，已響起催促起身的哨子聲，我試著動彈一下，發現自己還活著，於是活受罪的念頭襲來，強迫自己必須起身，胳膊還能勉強塞進袖子裡，身上穿的仍是進收容站之前的衣服，至今從未洗過。照例是不洗臉，不刷牙，稀飯一杯，窩頭一個，站隊，點名，出工。

今天又換了新的工種：露天礦剝荒，一部分人使用十字鎬、鐵鏟，挖土、裝筐；另一部分抬筐，兩人一副，為防止偷懶，每副筐子編號，而且一定要完成定額，就是加班也得完成。任務是將挖出的土石，倒在大約五百多米遠的一處峽谷中，該處早有一名年老的人犯，坐在一堆炭火旁負責計數，每副筐子到達必須報出是幾號。

我與一位盲流共抬一副筐，從未抬過的我，向他請教有何訣竅，他說：「腳步要穩，腰桿要挺，吸氣要勻。」但當我勉強將這至少兩百多斤的扛頭，硬壓在昨日扛木料腫脹的肩膀時，一陣鑽心的疼痛，早把抬筐訣竅忘個精光。齜著牙，在自我上刑中，記起了我的決心：別把自己再當作人，想要不抬是絕不可能，因我已經看到了一個戴著手銬抬筐的人。狠狠心，強迫自己在搖搖晃晃中邁出第一步，再一步。僅僅兩個來回，已經不堪重負，腳步一亂，整個人就往下沉。我再次咬牙強迫自己，既然下了狠心，就絕不輕易倒下。與我抬一筐的那位盲流，看到我的狼狽相，他盡量將應在中間的筐繩，往他那邊擼，使重心移到他那裡，在這時刻的這一小小動作，令我十分感動，也讓我看到世上還是有良善人心光輝的一面。

上半天的任務僅完成了三分之一，下午的體力更是不濟，在往返二十多個來回，肚子早就開始餓了。我舉步維艱地抬著筐子，遠遠望見那個腳前生著火堆，負責記著各人筐數的人，不由得想像，他真是天底下最為幸福的人。我又開始痛恨自己，為什麼我不是個殘障，可以像他一樣，只要一邊烤著火，一邊記記筐數，且要我這健全的四肢，付出如此沉重代價。現在，我才想起，當初將我從講台拉下來去洗廁所，是何等幸福，那簡直是天堂般的工作，不僅沒有人監督，更不必強忍飢餓幹重活，還可有刷牙、洗臉的權利與自由，如今的我，竟與一頭被拴上鎖鏈的牲畜無異。

收工的哨子吹響，我和其他六副筐子，共十二個人還未完成任務，必須繼續幹。三個多小時之後，我抬完最後一筐，不覺天旋地轉，眼前一陣暈眩，不支倒地。朦朧中，彷彿聽到：「先給他喝水，他是餓昏了。」我睜開了眼，發現已被人抬回了窩棚裡，地上放著我那一份活命的玉米饃和一口杯稀粥，望見了食物，我像一匹餓狼撲向獵物，幾乎不需咀嚼，剎那間，全吞下肚去，腸胃根本仍是空的，環顧四周，也不可能再有其他可吃的東西了。

入睡前，發現兩隻肩膀再也抬不起來，肩胛熱辣辣地起了兩個大包，壓的時間最長的右肩皮肉已開裂，從中流出黃色水液，我忍著疼痛，但抵不住瞌睡來襲，沉沉昏睡過去。

第二天早上起身，發現右肩破損的皮肉與衣服黏在一起，不說抬筐，一碰就痛；出工時，我向分隊長請求，讓我去挖土方，「不行，大家都要去挖土方，誰去抬筐？」分隊長狠狠瞪了我一眼，我不得不在嚴寒中脫下衣服讓他查看，之後分隊長始允准。

真所謂「見人挑擔不吃力，輪到自己嘴也歪」，原以為挖土方會輕省一些，等我才挖了幾下，就感到這活比抬筐更吃力，抬筐至少在空筐返回，還可稍微調整一下體力，挖土卻片刻不能停頓，動作稍一遲緩，挖下土石不夠，空筐就排起了隊，監工便大聲吆喝，我就得拼命像雞啄米般，奮力舉鎬，才幹了一上午，雙手全打起水泡，到下午，水泡立刻成了血泡，掌心的皮肉已然分離，鎬把染成血色，硬撐到下班，十個手指全都僵住了，吃飯時，不得不用兩掌夾住，往嘴裡送。第二天，我仍去抬筐，即使鑽心的痛，也只能往肩上壓，反正這個軀殼已不再屬於我的了。

終於，第一次的逃亡潮初露端倪，各個中隊不時傳來有人逃跑的消息，他們一定和我一樣，不堪忍受飢餓狀態中的重活，不計後果而冒死一搏。逃亡大都發生在早上出工不久，他們多數選擇路邊樹木草叢的茂密處，往溝渠一竄就很難找到。不幸的是他們大都在當天，或一、二天之內就被抓捕歸隊，也有自動返回，只有少數幾個就此逍遙法外，也許死在這片野獸出沒的蠻荒密林之中。

處理逃跑首先是捆上一繩，然後關進小土牢中。出工時雙手上銬，走在前面抬筐，後面由組長「壓扛頭」。收工後仍進土牢，關押時間要視其「認罪」程度而定。很多年之後，我才知道，竟有不少人逃了抓，抓了再逃，這令我這個自小膽怯怕事的人汗顏不已。礦領導為加強無產階級專政的需要，召開首次全礦大會，明確各中隊的生產任務，重新制定作息時間：井下中隊上班時間為中午十二時至午夜十二時，為接班時間；地面各中隊，從早上六時至晚六時，並一律取消休假日，為杜絕逃跑事故的不斷發生，礦上決定成立「從嚴隊」，將各中隊的逃跑分子或不服改造的，直接交由武裝警衛監管勞動。套在他們頸項的繩索，正逐日收緊，我們全都緊張地期待著，還有什麼狠招將使出來。

楞腹之災

生命的維持，必定有賴於泥土中長出的穀粒。有了食物，才能讓人活著，可以從事各種活動，對於一個需要長時間從事超重勞動的人，就需要更多的食物，這是常識，更是人道。

自踏進無產階級專政的門坎——收容站，直到今天落在這人間煉獄之後，我從未吃飽過，每天活在昏天黑地的飢餓裡，在頭暈目眩中勉強幹重活，這種生不如死的枵腹之災，已是人所能夠忍受的極限。

在飢極思餓之中，我實在佩服老祖宗在造這個「餓」字的睿智與貼切；當人餓到無食可吃的時候，只想自己當成食物，吃下肚去，所以成了食我，合併成了一個「餓」字。而在饑荒的年代，常聽聞人吃人的慘劇，這也絕非是無稽之談。在這個人間煉獄之中，我曾親眼目睹一位因逃跑關進土牢的人，他因拒絕出工，就斷其口糧，三天之後，他實在經不起飢餓的折磨，竟摳下土牆上的泥土，再用自己的便溺浸泡之後，吞下肚去。

常在飢餓中忍受煎熬的我們，一邊幹著活，一邊四處張望，想方設法，能找到一點可以填進肚子的東西，我們常常光顧路旁的牲口棚，那些摻雜在草堆中的玉米顆粒，就成為我們與牲畜爭搶的食物。飢餓的人，在食物面前，已不再有人的尊嚴，甚至不再有人的形象，只剩下赤裸裸動物求生的本能。而我們與牲畜的區別，也只剩下兩條腿與四條腿的不同罷了。

我們一日三餐，都是各組派兩人去大灶領取，在他們未到之前，我們仍不能停工，這是我們最難於忍受的時候，有的甚至已經餓得軟癱在地了。在望眼欲穿的等待中，一挨打飯的一到，大家立刻圍成圓圈，席地而坐，將各自的餐具擺放在中間，目光一致集中在分菜湯的勺子上，每個人都有獨到的眼力，要絕對平均，而且誰都認識每副餐具的主人，若是分菜湯的給自己多分了一點，立刻會引來一陣叫罵聲；從大灶領回的玉米饃，都是兩個合在一起，爭吵也常為誰的饃多沾了那怕是一丁點渣兒，都必須摳下來，否則都可能大打出手。

食用的開水，也只能每人一勺，大家先把自備的食鹽放入水中，灌下肚去先墊底；然後，把那只自己拳頭大小的玉米饃，只需幾口便吃光；最後，將分得的菜湯，大多是幾片土豆或蘿蔔喝光，「一頓飯」不到五分鐘吃畢。我通常把中午分到的饃，留下半個當止胃痛藥吃；因下午勞動時間長，餓到胃部痙攣時，咬上一口饃，可以立刻止痛，還真見效。也有人先把鹽水、菜湯灌下肚去，一直等到開工才把饃吃掉，或許他的方法比我更好。

晚餐有時連饃也吃不上，全組二十多人只是兩鐵桶玉米稀飯，通常先由自己舀，到最後不夠每人一勺時，由值日分配，但始終有人為自己少分了一點，就大發脾氣。一次，為爭吃一口稀飯，有人竟踢翻了粥桶，驚動了幹部，立即將肇事人捆上一繩，而踢翻在地的稀飯，立即有人趴在地上，將稀飯搜刮到自己碗裡，至少，要比尿液浸泡的泥巴美味得多。

家屬有住在本省的，不時常有人前來探親，即使當時糧食奇缺，物資再匱乏，他們總是想方設法弄到食物送來。我知道其中最常見的是牛油炒麵粉，既簡單，又方便，只要用開水一沖，立刻香氣四溢，常常聞得我直吞口水，但那些暫時獲得額外食物的幸運兒，也是膽戰心驚，整天出工，睡覺卻不得安寧，隨時將它們揣在懷裡，拴在褲腰上，智者千慮也終有一失，一旦抓住了竊賊，竊賊就在炒麵上大吐口水，看你還敢要不要，即使挨上一頓暴打，只要能讓腸胃暫時填飽，也就值了。

有人送食物固然可以暫時解決幾天的枵腹之困，卻也因此曾發生過多次因食過量，活活撐死的事件發生。因怕被偷，不如裝進自身的橡皮袋裡保險，也有人吃了之後，再喝大量的水，炒麵與水在胃中膨脹，眼看他瞪大雙眼，嘴角流涎，雙手捧腹，就地打滾，最後，氣絕身亡，一命嗚呼。有人說：「寧做撐死鬼，也不當餓死鬼。」其實，撐死是種速死，短暫劇痛，換得一痛永逸；而餓死，則是一種凌遲，也好受不了多少。

整日在飢餓中幹活，也整日在飢餓中思念食物，稍有空閒，就談吃論喝，大家一起回憶從前曾吃到過的食物，描述各種美味的調製方法，看看各人那種神采飛揚，直講得口沫橫飛，手舞足蹈，像是才品嘗了滿漢全席歸來不久，只是這樣的畫餅充饑的精神會餐，如同捕風捉影，越說越餓，久而久之也就味同嚼蠟了。

在這人間煉獄忍受枵腹之災的經歷中，令我終身難忘的一個鏡頭，至今記憶猶新：軍、警、憲、特，這是中共為國民政府遺留在大陸，定性為歷史反革命的法律根據：即國軍中的連長以上，警察中的警長以上，以及憲兵、特務。

與我同組的鮑ＸＸ，是位國軍連長，作為歷史反革命分子送來改造，太太因此離他而去，為他留下分別為三、五、七歲的三個小孩，他們在礦邊搭了個小窩棚棲身，小孩沒有配糧，必須要分吃他們老子的那一份，每逢小組開飯時，一個驚悚的場面出現了：大家圍圈，席地而坐，中間放著各自的食具等著分菜湯，而這位不幸的父親面前，卻圍他坐著三個骨瘦如柴的小孩，當他領到他那一個雜糧饃時，先掰下一小塊塞進老大嘴裡，依次是老二、老三，最後掰下一塊填進自己需要出大力的肚子中去。

當我第一次見到這個畫面時，一股無名怒火與悲憤，差點要吼叫出聲，這哪像是在改造人，簡直就是一

人民日報
一九五一年二月二十二日
中央人民政府命令
中華人民共和國懲治反革命條例
響應斯大林維護和平的號召

▲一九五一年二月二十一日中央人民政府頒布《中華人民共和國懲治反革命條例》。

場屠殺。忽然，我記起過去曾讀過《毛澤東選集》第五卷中，有著這樣一段話：「我們殺的是小蔣介石，大蔣介石我們一個都不殺。」那麼，領袖有令，把殺人的權利下放給執法機構，這究竟是在執行中出了偏差，還是什麼地方出了問題？所以連小蔣介石的無辜後代也格殺勿論了？沒多久，鮑氏父子四人突然在我們中間消失，連他們棲身的小窩棚也拆除了。我們也不去問，更無從問起，事實上，連我們自己都有隨時消失的可能，因為我們不幸也全都是小蔣介石。

在此艱難歲月，忍飢挨餓中，中隊的管教幹事，常常給我們上政治課，要我們樹立一不怕苦，二不怕死的革命精神，服從命令，努力改造，並說偉大領袖毛主席，為與國人共度時艱，已有三年不吃肉了。

只是近在咫尺的礦上幹部小灶，卻常常飄出煮肉的香味來。那些吃得紅光滿面的大、小幹部，以及他們的家屬們，竟沒有一個得水腫病的，原因是離我們煤礦不遠，有一個規模不小的勞改農場——馬蘭農場，勞改犯中不乏原

▲浙江省杭州市人民檢察院召開處理自首投案反革命分子大會留影。

先從事農業科技方面的專門人士，在大批勞改、勞教人員的開荒屯墾，辛勤勞動，全是白手起家，不到兩年時間，建成包括水稻、燕麥、玉米、蔬菜，以及果園、畜牧、禽蛋等綜合性農、副產品基地。這些經由「小蔣介石」們夜以繼日，流血汗所建成的勞改農場，已成為全省各地勞改及公安部門取之不盡的食物庫，而那些糧食的製造者們，卻是嚴格按照定糧標準，絕不敢越雷池一步，他們與我們一樣，過著食不果腹的生活。

由「馬蘭農場」，使我聯想到擁有九百六十萬平方公里的國土，有的是廣袤無垠，未曾開發的處女地，執政者如有心解決億萬枵腹民眾的糧食問題，只需利用手中的權力，統一籌劃，調集力量，可以說絕不是一件難以達成的事情。相反，傾其全部精力，投注在如何鞏固政權，開展接二連三的政治運動，製造大量駭人聽聞的冤假錯案，將大批大批的小蔣介石投入勞改場所，讓他們生不如死地活著，我不信，就是這樣就能建成共產主義？

在饑荒年間送來改造，如能分在大灶，即使是挑水、燒火的，那就一步踏進了天堂，因為只有在大灶幹活的人，才可以因近水樓台而「盡飽吃」，「盡飽吃」這三個字實在是太美妙，太誘人了。至於能去幹部小灶當廚師，那就更看不出是個正在服刑的人了。看來人世三百六十行，廚師的職業，絕對是最佳選擇，即使在荒年也能吃飽肚子，不像其他徒有一肚子學問的勞改犯，照樣還得餓著肚子，不死不休，抬筐、掄十字鎬。然而，人性是醜惡的，這些身在福中不知福被調進灶房的人，吃飽肚子，故態復萌，盜取灶上食物，換取不法勾當的事，時有發生，一旦人贓俱獲，通常是捆上一繩，關上幾天，放出之後調離灶房。

由於長時處在食物與勞動不成比例的生活，體力大大透支，加之喝了大量食鹽水，水腫如同傳染病一般蔓延開來，雙腿腳踝部分日漸粗大，有如吐絲春蠶般透明，一按一個坑，原在轆轆飢腸中堅持抬筐，如今再拖著一雙粗腿，更添雪上加霜的苦楚，我的潛意識清楚告訴我，與死神的拔河比賽已經開始，物競天擇，適者生存，就看誰的命大吧！

值得一提的是，我原先在下放六廠時的嚴重胃病，如今不再發作，我可以肯定是飢餓療法起了作用，只是付出的代價，竟是要把人餓到半死方能奏效，相信所有胃病患者都不敢去嘗試的。

被分配在井下的中隊，早已傳來不斷傷亡的消息。我還真慶幸那天佯裝病容而逃過一劫。雖然在地面勞動也同樣不勝負荷，但天不會塌下來，在鬱鬱蔥蔥，莽莽林海的山谷中抬筐、剝荒，空氣十分清新，鳥雀的啁啾，溫煦的日照，讓我們還能享受大自然的一份恩賜，所有這些，都是在暗無天日的礦井下，絕對不可能得到的。

生死瞬間

人的生命是那樣的脆弱，正因脆弱而極易消逝，所謂人死如燈滅，死亡，就是那麼簡單。而在饑荒的年月，被抓進勞改煤礦的我們，死亡的機率飆升是不足為奇了，如連續幾週，不死個把人，倒反成奇事。

來礦的第二天，就發生了一樁警衛開槍，射殺了一名「逃犯」的事情。地處崇山峻嶺之中的勞改煤礦，不可能像監獄一樣修建圍牆，分不清何處算是警戒線，這位「逃犯」不知是否內急，跑著找

▲生產大躍進時期「放衛星」的宣傳畫。

廁所，警衛恐有逃跑之嫌，喝阻無效，當即開槍射殺，死者是一名右派送勞教的小學教員。

按官方有關「勞動教養」條例所闡明的是「勞教屬人民內部矛盾」，是行政最高處分，它應該有別於勞改的，但在公安大躍進的年代，勞教或勞改早已混合在一起，同吃一鍋飯，同睡一張通鋪，同抬一副筐的「三同」了。那位被槍殺的人，就此枉送一條小命，處理方式也很簡單：將肇事警衛調離了之。

來礦不久，開展了所謂生產大躍進中的「放衛星」活動，當時正值蘇聯成功發射了第一顆人造衛星，煤礦領導借此契機，也要把不可能的成為可能，硬將生產指標逐日加碼到最高程度，也稱之為「放衛星」，為了把衛星（產量）放上去，將原先每天十二小時的工時，再加三小時，週末法定的假日也早已取消。

勞動量驟升，而糧食定量未增，飢餓與疲勞時刻為我們敲響末日喪鐘。果然，沒有多久，陸續傳來死人的消息，他們大多數都死在食物不足，血糖過低，以及在嚴寒的氣溫中，凍餓勞累而死。其實，長痛不如短痛。在生不如死的艱難困境中死去，無疑是一種最好的解脫，因此，死亡對於我們，已不再是件可怕的事情了。

死神已然堂而皇之到訪我們小組了。死者五十多歲，原西安建築學院送來改造的吳姓教授。吳教授平日不多言談，我常和他同抬一副筐，他通常需要用一條破棉褲，墊在肩膀上才能上扛，我比他年輕得多，在抬筐時常將筐繩盡量擼向我這一邊，他常以感激的眼神，向我點頭示意。前不久，他在西安的妻兒還來看望過他。在出事前一晚，他悄悄將一個饃塞在我手裡，我在一陣錯愕中也不去多想，蒙住被子，三口二口就吞下肚去。黎明時分，被一陣驚呼聲驚醒：「有人上吊！」我們還來不及穿好衣服，全都走出地窩，望見不遠處，吳教授就吊死在牲口棚的橫樑上，據說昨晚他以解手為由，就再也沒有返回而發現的。

出工時，我與其他三個人，被派去埋葬死人，這是我有生以來第一次抬著死人去埋葬；先用蘆席將屍體捲起，放上門板，前後四人，拿上一把鎬，一張鏟，抬起門板，上山挖坑，丟在坑中，掩上土，就算大功告成；一個從呱呱墜地、小學、中學、大學、成婚、當教授，最後被批、被鬥，送來改造，因不堪折磨而自我了斷，我彷彿一眼就看清了他一生的人生歷程。而他的後事，竟要不了二個小時，當最後一鏟黃土覆蓋在他的「墳」上，就為他五十多個春秋劃上了句號，使我感悟到生命的虛無以及死亡的平淡。我不覺抬頭向四處眺望，在這一大片空曠的山谷裡，將會埋葬多少個像吳教授這樣無辜的人？我也極有可能隨時會在此長眠。

二十多年之後，在我離去之前，還特意來憑弔，但見漫山遍野，全是一片荒墳亂塚；根本沒有任何識別標誌，相信埋在這裡的，可能沒有一個是壽終正寢的正常死亡，有許多因掩埋過淺，屍骨早被野獸吞噬，白骨撒遍四野，景象十分可怖，而被葬在此處的，至少有三分之二是死於井下的各種事故中。這些不幸的人，在既無操作規程，又無安全保障下，專政當局迫使他們拿著簡陋的工具，通常又在飢餓中佝僂著腰，冒死挖出這些馬上可以換成金錢的煤炭，全是他們以鮮血與生命的代價所取得的。

這些從事井下作業的人，往往在出工前，還是好端端的一個大活人，卻隨時有可能豎著走下礦井，橫著被抬出來，只消往山上一埋，至多給家屬發個通知；此人因工死亡就算了事，也從未聽說有任何賠償的規定。像我的家庭遠在台灣的人，連通知都可免了，更不可能有人會來收我的屍骨。因此，勞改隊的生與死，尤其是在勞改煤礦中的生與死，實在是有可能發生在每一天的分分秒秒一瞬間。

但我終於挺過了到礦之後最艱苦的半個年頭，這六個多月好像長過三十多年。憑著年輕，更是憑著自小所受到的不公正待遇，此刻竟成了我的護身之寶。「物競天擇，適者生存」，這句名言到任何時候都適用，但我沒有把握能撐多久，更不能保證是否會餓死，或是死在其他意想不到的各種通向死亡的陷阱。

自來礦之後，我們身上穿的還是半年前，從收容站穿來的衣服，我穿的大衣，兩個肩膀因抬筐，早被磨破了兩個大洞，前襟的扣子全多掉光，為了保暖，幾乎人人腰上拴根繩，腳上的鞋早已露出了腳趾，不得不拿根繩子綁上。每天出工、收工，我們這一列穿著「奇裝異服」的長長隊伍，如是走在都市大馬路上，堪比任何一屆巴黎時裝秀，更為壯觀奪目。因水源有限，我們已有半年多未曾洗臉、刷牙。如今，連洗澡、洗衣服都是一種奢侈妄想。此刻的我們只是徒具人的形貌，而無人的尊嚴，甚至連最起碼的作為一個人的權利與生活習慣，全被剝奪去了，我實在不知道，下一步將還有什麼手段處置我們這些階級敵人。

在國門緊閉，與外界完全斷絕的無產階級專政下，全國就像是一座大監獄，遍布全國各省的勞改部門場所，不計其數，這些都是接二連三的政治運動之後，為無數個小蔣介石們所準備的。然後，在這些無辜人的身上，榨取血汗，攫取巨額財富，這是一本萬利的好買賣，僅以我所在的崔家溝煤礦為例：除井下與露天兩大煤礦之外，地面還有築路大隊、工程基建大隊、磚瓦窯大隊，最多時達到上萬人，另在前文提到的馬蘭農場，人數更是遠超過崔家溝煤礦。

該農場還分設很多站，其中的「江南站」就是專門關押全省的右派分子；著名的「婦女Z站」是專門縫製囚衣、鞋子、被褥。有關婦女站中的奇聞，荒誕的故事，就算另寫一部長篇都寫不完，而從婦女站逃出來的女人，通常能找到的，都是帶著長長髮辮的頭蓋骨，屍身早被野獸吃掉。所有這些勞改場所或站，大多數設立在交通不便，或深山峽谷，主要是與外界完全隔絕，犯人不易脫逃。而在冬季，氣溫都在攝氏零下四十度左右，每逢冬季，死亡人數必然驟增，飢餓是死亡最大隱患。

當時我們的定糧按工種劃分：下井的，吃特號饃；地面分一、二、三、四，連井下共分五個等級，事實上，讓地面幹輕活吃四號饃的人，給他吃井下的特號饃，也不一定能吃飽，因為我們沒有其他副食可吃，分得的菜湯也只是幾片蘿蔔或土豆而已，根本無營養可言，單靠那一個比自己拳頭一般大小的雜糧饃，要去完成每天十二個小時的特重勞動，就可以想像我們是怎樣在忍受飢餓的折磨。

因食物不足，所以糞便極少，也許就連食物中的渣滓都消化殆盡而化成能量了。有時一個星期也不排泄，一旦想要大便，則是另一場災難臨到；因為我們所食用的雜糧，為增加數量，都是連同穀糠、稗子混合在一起，其中有一種做掃把用，名叫糜子的雜糧，吃到肚裡，就結成硬塊，堵塞肛門，任憑如何使力，都無法排出體外，唯一的方法是用一根尖頭木棒，在肛門口掏，一不小心就戳破肛門，每次大便必定滿地鮮血。還有一陣子，沒有雜糧供應，就將餵豬的乾豆餅當午餐，那完全是榨乾了養分的豆渣，根本沒有一點營養，而且是吃多少，拉多少，根本不能果腹，抬筐時常常天旋地轉，雙腿直打哆嗦，根本邁不動那一雙水腫的粗腿，有許多人就這樣倒了下去，再也起不來了。

如此下去，我知道自己撐不了多久的，考慮再三，我唯有寫信給上海的祖父，自去年下放六廠，至今已快一年沒有通信，我沒有講原因在勞改，主要是請他老人家立即寄一點食品來。一個多月之後，一個小小的郵包寄到礦上，只是一小盒餅乾，不到十分鐘全吃下肚去，這是我在煤礦二十一年多，唯一的一次郵包；一方面是遠水解不了近渴，另一方面是這「遠水」也是水源枯竭，他們都要靠我父親從台灣，經香港朋友，給他們寄白糖、豬油活命。

由於工時長，食物短缺，幾乎每一個中隊，每一天，都有死人的消息傳來，礦上的領導開始注意到這種嚴重的趨勢，不得不採取一些改善的措施：首先，取消了生產放衛星，將每天十二小時，縮改成每天八小時；將各中隊那些瀕臨死亡邊緣的人，立即成立了「老殘隊」，讓他們從事較輕的勞動。這些措施總算暫時煞住了不斷死人的局面，也令我們這些隨時都有可能倒下的人，大大鬆口氣，否則，誰也保證不了能逃過這一陣來勢凶猛的死亡潮。

減少了四個小時的勞動，給我們全都鬆了一口氣，人稍有一點空閒，就千方百計想著吃；無論你進來之前是什麼階層的人，也不問你的學歷有多高，飢餓的本能在食物面前，全是一個模樣，我們有多些時間，就地尋找任何可以填進嘴巴——這個無底洞，由於人人拖著兩隻浮腫的粗腿，就像戴上一副無形的腳鐐，讓你跑也跑不動，警衛們也就放鬆不少。一到收工，我們就滿山遍野，四處尋找一切可以放進嘴裡的任何東西。

有一種落葉喬木名叫榆樹的，三、四月開小花，果實外面有膜質的翅，叫榆莢，吃到嘴裡又苦又澀，但無毒，我們常常把榆莢泡在食鹽水中充飢，有人則將榆樹皮剝下搗碎，用水煮開食用，至少要比尿液浸泡泥土，好吞嚥許多；有本領的人，將捉到的蛇、老鼠，放在火上烤，立刻香味撲鼻，令人垂涎。有時，我也能分到一隻烤老鼠，將老鼠皮一剝，立即露出香噴噴的白色老鼠肉，肉質鮮美滑嫩，沾上食鹽，堪稱人間美味，雖然我們地處窮山惡水之中，不知什麼原因，老鼠特別多，一直是我們肉食的主要來源。至於蛇，因牠骨多肉少，我們常常剝下蛇皮之後，在火上烤成焦黃酥脆，放入口中，越嚼越香，可以為我們補充不少鈣質。

我們最盼望的是附近農民們的瘟豬、病牛、死雞，當地人是不吃的。我們當中自有消息靈通的人，他們只需一把小刀、一根繩子，將瘟豬或病牛從土堆中刨出來，用繩子將後蹄吊在樹上，從牙床劃開口子開始剝皮，大卸八塊，放進鐵桶煮，手腳麻利的不到半個小時。這些身手不凡的人，都是因盜竊、流氓等來自社會的低層，但他們的體力、求生的能耐、適應的能力，都大大超過那些知識階層的人。因此，勞改隊中通常讓他們擔任組長，他們也沒有忘記將煮好的肉食，分給那些並未參與的人，至少表現出人性中善良博愛的一面。

每逢雨過天晴，漫山遍野長滿了顏色各異，形狀千奇百怪的鮮蘑菇，這是市場上絕對見不到的，其中首推名叫「雞冠」蘑菇為上品，它的形狀像公雞的頭冠，肉質厚實鮮美，而測試是否有毒，只需放上一枚大蒜，若其色未變，即可放心食用。而長在半截朽木上的木耳，是種極富膠質的補品，是治療水腫病的最佳食品，我們都大量收集、曬乾，也便於收藏。

一天，我們正在山上抬筐，突然，黑匝匝飛來數十隻烏鴉，牠們不斷在一處低谷上空盤旋，跟我抬同一副筐的組長立刻撂下筐子，喊了聲：「走！想吃肉的跟我來。」聽說有肉吃，我來不及放下槓子，也顧不得一雙沉重的粗腿，竟一顛一顛跑了起來。原來是一隻肥大的獾，被農民的夾子夾住了腿，正在掙扎，烏鴉則迫不及待想要獲得獵物，當我們趕到時，烏鴉仗著數量的優勢，竟向我們展開凌厲的攻勢，於是，一場人與烏鴉爭食的畫面出現了。

組長的腦袋已被烏鴉啄得哇哇直叫，此刻我隨手帶來的槓子派上了用場，我向著黑壓壓一片烏鴉密集處，奮力掄出一槓頭，因使力過猛，立時栽倒在地，但讓我擊落了三隻，另外兩隻還在撲騰，組長立即上前踩住，其餘烏鴉在一陣聒噪聲中，揚長飛去，五隻煮熟的烏鴉，每隻都有一隻雞那麼大，而從烏鴉嘴裡搶來的肥獾，從裡到外全都是脂肪，牠的油脂儲藏起來，是治療燙傷的特效藥。獾肉與烏鴉，再配上雞冠蘑菇，煮了滿滿一大桶，讓全組的人都飽餐一頓。

還有各種昆蟲的蛹，則是由廣東人首先食用，我們也跟著慢慢嘗試，它的確是一種高蛋白的營養品，就看你有沒有膽量去嘗試了。記得第一次品嚐，也不知道什麼滋味，就像是帶著腥味的一灘鼻涕，順著喉嚨往肚裡滑，反正只要吃不死，吃到肚裡算賺到。但也有順風船遇到失舵的時候；一次，有人撿到了幾顆像鴿蛋一樣的東西，這位仁兄如獲至寶，把蛋揣在懷裡，大約是遇到了體溫，竟孵出了四、五條吐著芯子的小蛇，從他懷中爬了出來，嚇得他拼命大叫，旁人趕緊幫他脫下衣服，從此，大家對於像蛋之類的東西，就敬而遠之了。

儘管我們向大自然索取了不少養分，但仍有人因食用不當而枉送性命，其中，被榆樹皮撐死、誤食有毒蘑菇等死亡事故，時有發生。然而，人永遠遵循「物競天擇，適者生存」的規則，在最艱苦匱乏的饑荒中，在生與死只在剎那的一瞬間，我們從荒山野嶺中所能尋找到的「食物」，竟幫助我們渡過了餓死的關卡。想不到我們這一群被無產階級專政逼到死角的人，竟有著如此強大的生命力，可以消化瘟豬、病牛、老鼠，以及其他以前絕對不敢嘗試的「食物」，僥倖活了下來。

虱多不癢

在不堪重負以及飢餓的煎熬中，不覺來礦已近一年了。在這一年時間裡，我曾揹木料、揹磚瓦、蓋房、築路、剝荒、裝煤、挖渠，幹遍了從前未曾想過的重活，在全礦上千人員夜以繼日的勞動中，我們就地取材，完全白手起家，蓋起了上百座平房，解決了不斷送來的人員住宿的需要。這些後來者比我們幸運得多，一來就能住進磚瓦結構的正式房舍，我們也從原先住的地窩中，搬進了新房子，雖然仍是睡通鋪，但感覺就是不同了。

一年中，我們還建造了一座能容千人的大禮堂，數十棟磚瓦結構的幹部家屬房舍，二個洗澡池，小的供幹部們使用。所有這些基建工程，全是我們從伐木開始，然後燒石灰、燒磚瓦，在這一磚一瓦中，付出的豈止於血汗，甚至還搭上我們廉價的生命。

說到廉價，大概世上再找不到比我們更「廉」的了，我們也有「工資」，共分三等，每月評定一次，強勞力每月二元，中等的一元。像我這樣勞力，每月工資只有五角錢，僅夠買二斤粗鹽。事實上，我們這些被囚禁在窮山惡水中的勞改犯，即使有錢也無處花銷，只不過每月一次，由各組派人去村野小店，代購些鹽巴、旱煙之類，當一個人窮到只剩下一付被奴役的骨架時，就絕對感覺不到什麼是「窮」的滋味了。

一天，收工之後，中隊領導破天荒宣布：第二天讓我們休息一天，可以整理個人的衛生，這才想起外面的世界還有休假的制度。後來才知道，原來公安廳的首長要來我們礦視察。我們一個個像是被卸下轡頭的牛馬，這時才記起已有一年多沒有洗臉、刷牙、洗澡、洗衣服了，身上還是來時穿的衣服，早已破爛不堪，有的甚至已成了布條。當局還給我們每人分發一套衣服，一雙布鞋，這些也都是馬蘭農場的「婦女站」製作的，只是衣服左右是不同布料的顏色縫製的，大概是讓逃跑的人出去容易識別之故。

休息那天，竟連老天也開恩，既然是藍天白雲，晴空萬里。由我們親手建造的新澡堂，此時也早已開放使用。按中隊、分隊、小組排班前去洗澡，我們全都興奮不已，但連毛巾、肥皂都沒有，只能撕塊布條湊合。由於不斷出汗、喝鹽水，那件乾了濕，濕了又乾的內衣，已分不清底色，成了一件結了厚厚一層鹽跡的堅硬鎧甲，脫下一看，還有無數白色的，背部有一道黑線的蟲子在蠕動，問了別人才知道牠們的大名，忽然想起「債多不愁，虱多不癢」的民諺，還真有其事，所以我竟一點也不感到癢。既然見識了廬山真面目，索性脫下內褲一看，真嚇了我一跳，原來我穿的那條破絨褲的摺縫處，重重疊疊布滿了白色蟲卵，不覺頭皮一陣發麻，忽然間感到渾身奇癢無比。

一個個去捉，是永遠捉不完的，我也捨不得把褲子扔掉，一個最簡單的方法，就是將這些長虱子的衣褲放在火堆上烤，隨著一陣陣臭焦味，以及「嗶嗶剝剝」的聲響中，總算全殲告捷。從此，只要有機會，我就要赤膊坐在火堆旁逮虱子，捉到一隻，放在兩個指甲中間一擠，欣賞那「嗶」的一聲，享受消滅一個敵人的快樂。捉虱子的鏡頭，從前在上海街頭也曾遇到過不少，只是沒有想到我也有這份榮幸，甚至遠不如上海的癟三，至少他們不會像我那樣去餓著肚子幹重活，遑論他們還有那可貴的人身自由。

由於澡堂中的水，已經洗了不少人，當我們去時，池中的水，已和我們喝的稀飯一樣稠，水面上還漂著幾截糞便，所謂泥水中也能洗出白蘿蔔，我們還是洗去了陳年的污垢，渾身為之一爽，好像又找回了做人的感覺。

當天，公安廳長還要巡視各中隊的衛生，我們被命令待在室外，每分隊派專人整理內務，被子要求摺成有稜有角的四方塊，要整齊劃一，也不管你的被子有多髒多臭，被子裡裹著多少破爛，反正要像騾糞蛋那樣，只要外面光亮就行。

為迎接廳長大人駕到，大灶為大家做了「金銀卷」，用難得一見的白麵，裹著玉米粉做成的饃，並破天荒第一次吃土豆燒肉。這就給分菜的帶來難題，若是誰的餐具中找不見肉，那可是會出亂子的，於是有人建議：把肉挑出來先分，然後再分土豆，這才相安無事。其實，分到各人餐具裡的，也只不過指甲蓋大小的幾粒而已。

我們整隊前去聽報告，新落成的大禮堂第一次啟用，也早已接上了電源，禮堂裡已坐滿了人，我們就在外面席地而坐，會場四周架起了高音喇叭，震響著高分貝的革命歌曲，大幅橫額上寫著：「熱烈歡迎省公安廳首長蒞臨指導」，以及大大小小的標語口號。除了「坦白從寬，抗拒從嚴」之外，有一條從前未曾見到過的新口號引起了我的注意：「深挖洞，廣積糧，備戰備荒為人民」，很久沒有看報，也聽不到廣播，與外界完全隔絕了音訊，僅在進來前，聽說與蘇共關係生變，兄弟鬩牆，也不再稱「老大哥」了；韓戰也停了十年，這裡說的備戰不知為誰而備？看來打台灣的可能也不大，那就是與蘇共一戰了；此時，無論與誰一戰，都是我們求之不得的，最好是立刻打，打大戰，打核子戰，打得天翻地覆，大家死光光，能早日脫離面前這無邊苦海，這是當時我們最迫切的心聲。

▲某地宣傳隊現場表演宣導「深挖洞，廣積糧，不稱霸，備戰備荒為人民」留影。

這大陣仗的所謂首長報告，根本是了無新意，無非是國內外形勢一片大好，不是小好那老套子。最後，才是重點：他號召我們要「勒緊褲帶拼命幹」，「小車不倒儘管推」的新賣命口號，意思很明顯：只要累不死，就累到死。原來，一天不出工，金銀花卷、土豆燒肉，不是那麼好享用的，更大的重擔，正在百上加斤地等著我們，非得將我們這些快成「人乾」中僅存的一點血汗，全都榨盡榨乾。

此時，我忽然省悟到「虱多不癢」的人生哲理，原是可以用來應付任何人生難題的，因為象徵貧窮、苦難甚至是死亡的虱子，栽在我們身上，已不在乎多幾隻少幾隻了。俄國作曲家格林卡曾創作過一首男低音獨唱歌曲《跳蚤之歌》：沙皇在自己身上捉到一隻跳蚤，不知為何物，一番調侃戲謔之後，在一陣哈哈狂笑中接受現實。虱子再多，不必懼怕，倒不如像《跳蚤之歌》那樣，在哈哈狂笑中去迎接新的挑戰。

▲格林卡。

瓦斯爆炸

陝西省的煤炭資源十分豐富，從西安往東，包括關中平原，寶雞以西，長達八百多里的秦嶺山脈，被稱之為「黑腰帶」，銅川礦務局屬下大、小數百座礦井，以及農民私自挖掘的小煤窯，更是不計其數；因煤炭極易開採，有的地方只需鐽去薄薄的土層，烏黑發亮的煤炭立即呈現，只要用十字鎬掄上十幾下，一大堆煤炭，就夠燒幾天了。因此，開煤礦是一本萬利的買賣，它既不需要原材料，更不用加工，挖出來就成商品，當地許多農民就棄耕挖煤，比種莊稼既省力又多利，故隨處可見農民的小煤窯，當局也屢禁不止。

官辦的崔家溝勞改煤礦，有的是大量

▲小煤窯。

的勞力，它原先也是從一鎬一鏟開始，不斷擴充，增添機械設備，逐漸初具規模，不到數年時間，就成為大型礦井。該煤礦屬高濃度瓦斯礦，分露天與井下兩部分，井下又分豎井與斜井兩種：使用「罐籠」即升降機出入為豎井；順斜坡出入的為斜井，崔家溝礦屬於後者。

井下作業，其實與老鼠打洞無多大差別，所不同的是人能使用各種工具：先由勘察組進行測量，確定需要開採的部分，然後，由掘進隊使用不同長度的麻花鑽打洞，將早已塞在炸藥包中的雷管，用長棒填進洞內，用泥巴封口，雷管的炮線連接在起爆器上，清場之後，擰動起爆器，轟然一聲巨響，被炸落的煤層鬆動，緊接回採與運輸，將早已準備好的傳送機，又稱溜子，將煤裝入礦車，每十輛一組，由絞車房吊運地面煤場進行篩選，因大塊與碎末的售價不同。此時，井下將剛崩坍下來的煤炭全部運走之後，由支架工用木料支棚，呈現出「ㄇ」字形，支架完畢，井下就出現了一條新的巷道。然後，再重複前面的工序：掘進、回採、運輸。因此，井下遍布了縱橫交錯，四通八達的巷道，越深入，瓦斯濃度越大，危險程度更是不在話下了。

來礦之後，我雖編在地面中隊，但仍有一段時間，被分配去井下鋪道軌。記得第一次下井，令人有種到了陰曹地府的感覺。有的巷道很低，必須躬著身子方能進入，肩上再壓著一根一、二百斤重的鋼軌，不一會兒就渾身大汗，但有的地方，足有籃球場那麼大，頭頂怪石嶙峋，犬牙交錯，好像隨時都會轟然一聲墜落下來，發生這種事故，就稱之「冒頂」，這也是井下最常見的災難之一。而最危險的工作，莫過於處理「瞎炮」了。「瞎炮」原指已放入雷管的炸藥包，擰動引爆器未炸響，通常是炮線的接觸不良或炸藥包受潮之故，這時就需要在它旁邊再鑽一個洞，放進雷管炸藥，然後再引爆，事故通常就發生在瞎炮旁邊打洞時，因震動而引爆了瞎炮，當場就把人炸成了粉末。

至於在井下工作的人，所吸入的煤塵更是可怕，特別是在引爆煤層之後，巷道中全是一片黑色的雲霧，氧氣不足，不得不用嘴巴呼吸，一般下井不到一年，基本都可能患上「煤肺」，X光照出的肺，全呈黑色。下班走出井口的人，全像非洲黑人辨認不出面貌來，若是連續數週不上班，從肺部咯出的痰，仍是黑色的。陰暗潮濕的井下，是個名符其實，危機四伏的死亡陷阱，每時每刻都有可能重則喪命，輕則斷腿斷胳膊，傷亡事故層出不窮。所幸設在礦上的醫務所，不乏原各大醫院的名醫高手，他們精湛的外科手術，可以在最簡陋的醫療設施下，完成難於想像的外科手術，有時連社會上的病患也慕名而來。

煤礦作業不需特殊技術，只要四肢健全，身強力壯都可勝任，在那個死人不需索賠的年代，藉著一個接一個的政治運動，撒開無產階級專政的大網，永遠如囊中取物，不愁勞力斷源。

關於井下是否有鬼魂的問題，這是我們時常爭辯的話題，有不少人繪聲繪色，賭咒發誓，說他們曾千真萬確多次見到過，通常在出過人命，已被封閉的巷道。一次我在井下鋪設道軌時，確是見到遠處有人影一閃，我還壯著膽跑過去尋找，卻闃無一人，但我確信自己的眼睛絕無看錯。此外，有人說井下的老鼠會跳舞，我未見過，但我目睹老鼠不怕人，還能在你掌心覓食；也許在陰曹地府般的礦井下，人與鼠已形成了生命共同體的緣故吧！據後來發生瓦斯爆炸的前幾天，有不少人確是見到了四處逃竄的老鼠，久下礦井的人都知道，這絕不是好兆頭，這有些像一艘遠洋客輪，在沉船之前，同樣也會出現四處逃竄的老鼠，這可能是動物的第六感應之故。

一九六〇年七月一日，這是一個令我終身難忘的日子，只差一步，這個日子也成了我的死亡忌日。七月一日，也十分好記，因為這一天是「偉大，光榮，正確」的中國共產黨的生日，我不知道這是巧合，還是在冥冥之中，竟向黨獻出了這麼一份「大禮」，但對崔家溝煤礦而言，這一天絕對是個大災難的日子。

凌晨四時，天色微熹，突然，一陣陣尖銳而淒厲的警鈴響徹天空，一根根電線桿上的紅燈不住閃爍，這原是被告知，若有發生暴動或集體逃跑等惡性事故，才可能出現的情景，嚇得人人從睡夢中驚醒，跑出屋外看個究竟。井口離我們住處不遠，有人眼尖，指著井口喊了聲：「瓦斯爆炸！」大家轉眼望去，但見大股大股黑煙，夾帶暗紅色的火光，從井口噴薄而出。很快，井口上空立刻瀰漫一大片濃黑的煙霧。我們紛紛向井口擁去，但立即被持槍的警衛嚇阻。

不久，聽到遠處警車的聲響，向外求援的礦山救護隊來了，但煙濃火烈，溫度過高，人已無法進入。匆忙中，拉來數台高壓水泵，不斷向礦井內灌水降溫，再由通風工架設風筒，逐步摸索進入。老實說，等到能進入，井下當班的生還率早已等於零，因在瓦斯爆炸的瞬間，它所釋放的能量，足以將鋼軌扭曲、礦車變形，不難想像，數千度的高溫所能造成的殺傷力有多麼巨大，當班的人，可以用粉身碎骨來形容。當天所能找到的，都成了一堆焦黑的屍塊，沒有一具完整人體。

在這些死難者中，大部分都是在去年與我一起從收容站來到的，我曾在本書第六章「人間煉獄」中提到，在到達當天，有個幹部模樣的人，在我們中間挑選，挑上的，向前跨出一步，真要感謝我所信靠的天父，能讓我在這生死存亡的那一刻，裝出一副病容而逃過一劫，否則今天也無人將這慘絕人寰的往事公諸於世了。

如此巨大的礦井惡性事故，當局竟一手遮天，對外絕對保密，我們也都被貼上封口令。在此次事故中究竟死了多少人，恐怕也只有礦上的領導才知道。善後工作也非常草率，將那一大堆屍塊裝入袋中，就在埋葬凍餓而死的人的山谷中集體掩埋，即使罹難者家屬來到，也無從辨認，至於是否有賠償，我們更是無法得知了。

事故是由不當操作所引起的，這些不幸的罹難者，大都與我一樣，來自社會的不同階層，來礦之後，一旦被目測挑上，也沒有受到任何專業訓練，貿然下井，焉有不出事故的道理。瓦爆之後，井下掘進、回採連隊中，要求調離下井的人越來越多。事故之後，封井三個月，井下勞力一律調上地面勞動，接著新一波的逃亡潮驟然上升，主要發生在井下中隊，與其束手待斃，不如外逃求生。不幸的是，他們中間大多數人，都很快被捉了回來，照慣例是先關土牢，上班戴銬抬筐，約一個月再放出歸隊。

三個多月之後，井下逐步恢復生產，在清理巷道事故發生的現場，常常發現一些人體的殘骸，有時從一隻長統膠鞋中倒出一隻早已腐爛發臭的人腿，或是一顆尚未完全腐爛的頭顱，露出一口陰森森的白牙，好像還保持著瓦爆剎那間那副驚恐萬狀的嘴臉。

為安撫人心，省公安廳決定大力改善井下人員的生活待遇：首先是提高糧食定量標準，每人每月配給豬肉一斤、白酒一瓶。兩年之後，更實行了井下津貼：每人每天三角錢；在安全方面，每班配備瓦斯檢查員一名；訓練並成立本礦的礦山救護隊，制定各項安全生產的規章制度。每週星期五為安全生產日，包括地面在內的生產，全面檢查事故隱患。之後，雖未發生重大的惡性事故，但零敲碎打的傷亡，仍是層出不窮。

冬訓運動

凡在五〇年代之後，蹲過無產階級專政大牢的人，才知道什麼是「冬訓」運動，每年進入十一月份冬季開始，至少有三、四個月的時間進行，或因冬季日短夜長，就有充分時間，用來人鬥人了。

無論是蘇共或中共，他們都是信奉鬥爭哲學的，所謂「與天鬥，其樂無窮；與地鬥，其樂無窮；與人鬥，其樂無窮。」這根本與國父孫中山先生所倡導的「博愛」精神，完全是背道而馳的。原來，這樣鬥來鬥去，能使他們產生無窮樂趣，所以連年運動不斷，就如我們，即使把人抓進牢房，鬥爭仍未止息，這就是「冬訓」的由來了。因為大家鬥來鬥去，可以讓黨樂在其中的。

我們如果翻閱一下黨史，就可知道，即使在共產黨內部的幾次所謂「路線鬥爭」，無論是什麼左傾機會主義、右傾冒險主義，均是由一些觀點不同，或某些意見相左，而鬥得死去活來，往往一波未平，一波再起，總不會讓你得到片刻的喘息。從黨內鬥到黨外，再從全國上上下下一起鬥，直鬥到天翻地覆絕不罷休，直鬥到殺一批，關一批，然後再醞釀下一次的鬥爭。

毛澤東有一句名言，收錄在他的《毛選》中：「凡是反動的東西，你不打，它就不倒，這也和掃地一樣，掃帚不到，灰塵照例不會自己跑掉。」但「反動」是個十分抽象的名詞，到底什麼樣的言行才夠得上「反動」？往往無意中說出一句最普通的閒話，都可以無限上綱上線，最後像變戲法一樣，成為絕對不許辨白的反黨反社會主義的反動言行，需要無產階級掄起專政的鐵掃帚，將你當成垃圾掃到勞改隊。當局者可以藉著手中生殺予奪的無限權力，在全國百姓中間製造事端，撒下仇恨的種子，讓他們互相揭發，互相撕咬，最後一網打盡，坐收漁利，將無數無辜的平民百姓，立即淪為家破人亡的奴隸，更惡毒的是讓其在極飢餓的狀態中從事極重的勞動。

按理說，像我們這些已被掃帚掃到了一起的「灰塵」，諒必是罪案清楚，量刑得當，服完刑期放人便了，事實上卻絕對沒有這麼簡單，因為老人家還有一句話必須要實行：「再踏上一隻腳，叫他們永世不得翻身！」於是乎，我們刑期即使已經到了期，「就業人員」這個無期徒刑正在門口等著，除了給一點少得可憐的「工資」之外，其餘一切照舊。只是在瓦斯爆炸之後，省公安廳頒布了就業人員因公死亡的三種賠償身價：無帽就業工人三百元，無帽就業人員二百元；像我這種戴帽的就業人員，一條命只值一百五十元。所以，一旦成為專政對象，真正是被踩在腳底下，永無出頭之日。

一年一度勞改隊的冬訓運動，主要是交待過去的餘罪，或是被抓來之後新犯的罪行，按慣例，仍然扯起「坦白從寬，抗拒從嚴」的大旗。每晚七時開始，大家正襟危坐在各自的鋪位上，中隊管教坐鎮，組長主持會議。門外雪花飄飄，室內爐火正紅，緊閉的室內，煙霧騰騰，充滿了人的體臭與劣質的煙草味，大家互相觀望，一言不發是不行的，認為有抵觸情緒，因此，個個都在搜腸索肚，竭力在回憶自己或別人的反黨、反社會主義或反改造的一言一行。

每年冬訓，使我聯想到剪羊毛的感覺，好像我們這些人，隔一段時間，就會像長羊毛一樣長出罪來，非得要無產階級專政的大剪刀，幫我們修剪一番。也許是黨的用心良苦，或許是神經過敏，他們巴不得把我們都改造成透明的玻璃水晶那樣純淨，改造成毫無瑕疵的天使，至於聖潔的天使怎能在這地獄中生活，這些都不在他們考慮之中。所交待出來的，全是些雞毛蒜皮、小偷小摸之類的屁事，於是長時間出現靜默的冷場，此刻通常有人故意放出一個響屁，有人就按捺不住，噴發出笑聲來；這屁聲與笑聲，確是為這樣會議作了最恰當的詮釋。

「面對面」的揭發批判出現了冷場，就採取「背靠背」的戰略方針，教管幹事給大家每人一張紙，讓大家互相揭發，最後由幹部唸出較為嚴重的一些問題，並讓當事人站出來交待。若是支支吾吾說不清楚時，就有人想在幹部面前表示自己的忠誠，先上前劈劈啪啪一頓暴打，再將他的腦袋往火爐上摁，表現出嫉惡如仇，與黨同仇敵愾的決心。可笑的是，也往往是這種表現積極的人，下一個挨鬥的人就輪到他，讓原先挨他揍的人，揍還他了。

煤礦中的逃跑事件，幾乎每隔幾天，就會發生一起，但大多數都被抓了回來，也有少數長達多年的，而捉了關，關了又逃的所謂「二進宮」、「三回頭」，幾進幾出，他們因為看不到前途，也永無出頭之日，倒不如鋌而走險，抓住是你的，抓不住是我的，總比在礦等死有盼望。我曾參觀過一間土牢，關在一起的兩個逃犯，只用三個月的時間，能從頭頂挖出一個三、四米長，二十多公分寬，直上直下，像個煙囪般的洞穴成功脫逃，其追求自由的意志與毅力，令我們這些膽小鬼欽佩不已。

不過，當時的中國，一直處在鎖國自閉的狀態，我們即使能逃出小監獄，也逃不出大監獄。二千多年來，在儒家思想的潛移默化下，中國人早已習慣了循規蹈矩，安分度日；即使在暴逆苛政之下，也能忍辱負重，苟且偷生，形成了中國國民的固有民族特性。因此，在中國很少聽說像西方世界那種奪械殺警、集體暴動等惡性事件。但是亡命之徒，這是任何時代、任何國家都是免不了存在的，如同乞丐身上必定有虱子，社會中間必定有人渣那麼自然，即使在我們這個勞改煤礦，在我所待的二十多年中，幾乎每年都發生過多起殺害無辜的惡性刑事案件，通常是為一點極少量的錢財，活活將人勒斃或用刀殺死。這些罪大惡極的殺人犯，基本都在每年冬訓運動結束時，在全礦召開獎懲大會上宣布死刑，會後立即執行，刑場就在山谷中那片常埋死人的亂塋荒塚中，槍響過後，隨地掩埋，十分便捷。

每年冬訓運動，無論是坦白或檢舉，總離不了「兩偷」，一是偷盜，二是偷情，犯這兩類錯誤的共性是「賊性難改」，一是不記打，二是經得起打，即使抓住被打得頭破血流，喊爹喊娘，或五花大綁，關入土牢，只要放出來，遇到機會，立即故態復萌，讓人看到人性中最醜惡的一面。

至於那些炮打空氣，捉摸無定的「思想」犯，言論只要搭上「政治」這輛死亡列車，就必死定了。發生在我們小組一位姓黃的右派，大家在閒談中，有人問他，第三次世界大戰會使用何種武器？他沉吟一會說：「第三次世界大戰我不知道，我只知道第四次世界大戰，大家全都使用長矛和棍棒。」意思很明白，第三次世界大戰武器精良，導致世界毀滅，當時還未發展核武，看來他還有先見之明。就這麼一句話，我看不出錯在那裡，這位黃姓右派也根本無從交待清楚，最後受到二次勞改。

「吃不飽」這是當時普遍存在的事實，但要說出這三個字，是絕對忌諱的，一旦不小心說出口，這就是對黨的糧食政策不滿。人在飢餓狀態下很難入睡，這也是誰都經歷過的正常生理現象，同樣這也是不能隨便可以說的。為了「吃不飽」三個字，不知有多少人受過批、挨過鬥，甚至被捆上一繩。因為「吃不飽」是有損黨的形象，詆毀黨的政策，是大是大非的政治問題。

思想改造，就是要將人們的正常思維，改造成反常的形態；例如在冬訓運動中，有時也穿插所謂「憶苦思甜」的內容，要求我們大講過去的苦，以及來了共產黨之後帶來的甜；明明將人餓到半死，你非得講：「喔！我吃得太飽了」；已把人整到了家破人亡，妻離子散，你還得高唱「天大地大不如黨的恩情大，爹親娘親不如毛主席親。」這種既肉麻又讓人哭笑不得的戲碼，都是一年復一年，冬訓運動中不可少的節目。

勞改隊中的「冬訓」運動，除了讓我們互相仇恨，相互牽制，以便管理之外；就是訓練我們，如何說假話，如何做違心的事，如何顛倒黑白，如何是非不分，如何將人洗腦洗到精

▲農村憶苦思甜會留影。

神分裂，最後以達到治國治民的根本目的。回顧中共自四九年奪取大陸政權，連年政治運動大行其道，不正是採取這一系列踐踏人權，違反人性，倒行逆施的治國方略。然而仁政與寙政，絕不是當權者自己說了算的，人們心中那一把尺子，是永遠無法改變的。

牢中說性

我在送進崔家溝煤礦之前，只在下放西安國棉六廠時，曾與女工們有過近距離接觸，但從未有過肌膚之親。因此，常被同組的人調侃為「色盲」。

在清一色的男丁煤礦中，儘管食不果腹，累得半死，確仍有精力在論吃論喝的精神會餐之外，也不忘性的饗宴，開創了「飢寒亦要思淫念」的新思維。好像一提到女人，大家就能精神為之一振，有說不完的話題，有時甚至荒腔走板，成了不堪入耳的下流話。這也難怪，就連道德學家孟老夫子，都把性與食等同起來，形成在任何惡劣的環境下，都難敵性慾的蠢動。

那個時期的中國，對於男女關係的處理非常苛嚴，諸如未婚先孕、婚外情、第三者等，在別的國家好像吃飯穿衣，稀鬆平常的一回事，但發生在中共統治下的大陸，就作為刑事犯處理，或許這是與一個國家的文化、道德、倫理以及多層次的價值觀念有關。犯了這種錯誤的，統稱為「亂搞男女關係」，為此而勞改、勞教的也不在少數。

執政當局在處理此類案件時，常有一個奇怪的現象：即使過錯全在女方，也仍以重罰懲辦男方，好像在男女關係上，男方永遠是加害者，女方則永遠是受害人，以下幾個案例，是我親身目睹的真實故事。

我組有位姓佘的中學教師，原在西安八十一中教數學，被同校已婚的女教師看中，主動投懷送抱勾引未婚的他，兩人發生關係事發，學校黨支部立即將其送交公安部門，開除公職，來礦改造；女方則逍遙法外，繼續當她的教師，雖然男方最後也獲得了平反，卻為此付出了二十多年的大好時光，而毀了一生。

我所在中隊的一位管生產的幹事，因患了重病，需在我們中間挑選一名高姓就業人員去侍候。這位從未結過婚，年已四十多歲的歷史反革命分子被挑上了，而那位幹事的太太，共產黨員，還擔任農村貧協主席，因同處一室，日久生情，勾搭成姦事發，男方被判加刑十年。

文革期間，我礦一名就業人員，在外出探親時，與一名女知青發生關係，雙方均屬未婚，女方也未提告，但因男方是勞改煤礦中的就業人員，仍屬專政對象，女方是上山下鄉的知識青年，因此，判男方是「破壞知青上山下鄉」的政策高度，不容爭辯，不准上訴，被立即執行槍決，並將槍決之後的屍體拍成照片展出。此案曾

▲知青上山下鄉運動宣傳畫。

引發廣泛爭議，直至文革之後，方得平反，枉送一命。

我是生長在資訊閉塞，孤陋寡聞的年代，若不是進了勞改隊，真令人大開眼界，之前從未聽說過的「同性戀」，今日竟有緣一睹其廬山真面目。也許各地對這類人的叫法上有區別，陝西人稱他們為「勾子客」，大概陝西人把屁股稱「勾子」的緣故，因此「勾子客」也成為陝西人常用的一句罵人用語。但他們被抓進來「改造」，放在男人成堆的地方，都睡在通鋪上，一來二去便睡進了一個被窩，因此常能現場捉到這種行徑。但也無非是讓幹部們臭罵一陣，再批鬥一陣，將兩人調開，以後再犯。

聳人聽聞的獸姦，也曾發生在我們礦上。一個雨天的夜晚，在牲口棚發現，有人正爬在母牛屁股後面幹那種事，被人舉報之後，「牛公子」的雅號不脛而走，引來許多人前來一睹「牛公子」的風采，而他照常露出一副蠢相，毫不在乎別人對他的議論，礦上領導也無對策，罵上幾句，不了了之。

崔家溝煤礦地處崇山峻嶺之中，僅有一條將煤運往銅川的公路，這是通向自由的唯一通道。從銅川開出的長途客車，每到黃昏時分，就準時到達，此時那些不在班上的人，就自動守候在那裡，望著每一個從車中下來的人，像是要從他們的身上，感受一下外面世界的自由氣息，更主要是欣賞每一位下車的女客，特別是年輕貌美的，有時不忘品頭論足一番，大概這就是「秀色可餐」。在過足眼癮之後，第二天再度光臨，樂此不疲，以逸待勞，以慰寂寞。

礦區只要在一定範圍之內，我們還是自由的。有些在來改造之前，如已結婚或有小孩的，唯一可走的路，就是離婚；但也有個別女人，在外別無依靠或居所，自願跟隨男人來礦。原則上只要不影響上班，在礦領導睜一隻眼，閉一隻眼的默許下，沿著山坡地，一間間使用木板、樹枝、紙板搭建成奇形怪狀、破破爛爛、密密麻麻的小窩棚，便形成了一道獨特的風景線。在此居住的，主要是長期住戶，也有短期探親暫住的。長期住戶的女人們，通常就為就業人員拆洗被子、衣服為生。也自有一些不守婦道的女人，就成了招蜂引蝶的一方，自然招來蒼蠅逐臭的另一方，一拍即合，那些破破爛爛的小窩棚，就成了臭名昭著的「鴨子坑」。

▲比才。

勞改隊中也自有一些色膽包天，屢教不改的無恥之徒，為了偷情，逮住被打得頭破血流，跪地求饒，但從未煞住過這歪風，「竄家屬院」成為亂搞男女關係的代名詞。事實上，無論是什麼朝、什麼代，只要是在人類社會中，始終存在著「權色交易」、「錢色交易」。而在饑荒年代的勞改隊，卻多了一宗「食色交易」，只需幾張糧票，或是一些食物，即可春風一度。所謂「賊性難改」，「淫心不滅」，盜賊、淫棍、虐待狂，這些人渣在任何時候，都是無法讓他們改邪歸正的。

而「性」在我們這個國家中，一直是個諱莫如深的模糊地帶，也從未聽說過任何教育之類的相關指導，更遑論有任何的罪責界定，而對於那些權高位重者的私生活，又有誰去干預？兩套標準，根本無從立案徹查，因此，棄繁就簡，任其泛濫。下面這個真實的故事，或許還能說明問題的普遍性與嚴重性。

一九六二年，一個秋末冬初的傍晚，三聲清脆的槍聲，震碎了礦區的寧靜；這只是一件情殺事件的結尾。原來，一位駐礦年輕警衛與一名就業人員的妻子有了戀情，據官方披露的消息，肯定了女方的主動，但誰都知道一個巴掌拍不響，無論是誰主動，已經不重要了。該名警衛被上級長官發現以後，羞愧難當，當即槍殺兩夫婦，再給自己一槍。據說女方懷有身孕，三槍四命，速戰速決，只需短短幾秒鐘，作了徹底了斷。

男女關係，對我這個「色盲」還真是個難解的謎，不過我熟悉十八世紀法國浪漫主義作曲家比才，他所寫的著名歌劇《卡門》，情節與這個故事大致雷同，尤其是序曲中的主旋律，以及女主角卡門的獨唱：「愛情是個流浪兒，你不愛我，我偏要愛你。」比才能將男女間的煽情挑逗，利用樂器、音符與節奏，表達得淋漓盡致，入木三分。用音樂來傳遞情色男女，當首推比才世界第一人。

絕處求生

以現行反革命的「頭銜」，到崔家溝勞改煤礦改造，轉眼竟已三年過去了。像是一場惡夢，連我自己也不知道究竟是怎麼熬過這一千多個日日夜夜，如同瞎子走夜路，讓我避開一個又一個死亡的陷阱，能夠在這專制獨裁、滅絕人性的窮山惡水之中活到今天。如今回憶起來，一個最大的原因即在精神上絕對不能被擊倒，精神一垮，如同房屋的基石坍塌，脆弱的生命必死無疑。

與此同時，我也十分清楚因為台灣問題，陷進了一個罔顧人道，只講霸道，忽視人性，只講黨性，不容反抗，只有屈從的黑洞之中，一切屬於常人的理性與情感，只能成為增加痛苦的籌碼。我必須強迫自己忘掉自我；強迫自己在極度飢餓中，去完成超強勞動；強迫自己挨過一天又一天不是人過的日子，我把所有這些絕境中的挑戰，都當成是意志與毅力的考驗，想要在逆境中求生，就必須接受生與死的角力，方能戰勝似乎不可能戰勝的險惡環境。

當一個人什麼都不怕的時候，生存的希望就可能出現；我沒有被擊倒，也沒有像其他人那樣草率輕生，枉送一命，更沒有累到尿血，或提前送到老殘隊。而三年的自然災害也漸漸過去，食物的供應，除了大灶那有限的一份，我們仍在深山密林中，向大自然索取一切可以入口而不致送命的吃食，僥倖地活了下來。

如今的我，兩個肩膀即使壓上三個筐子，也能健步如飛，兩隻手掌早已磨出兩塊如同馬蹄般堅硬的老繭。無論寒冬酷暑，我都習慣赤膊幹活，尤其在裝運大塊煤時，只要兩個人能抬起來的，我在中間一站，就能雙手高高托起，像舉重運動員一般，輕鬆將大塊煤裝進高高的車廂內，這一招是誰也無法做到的。因此，煤場上的「大力士」，連銅川運輸公司的司機們，都知道我的大名。想不到一個自小孱弱多病，從未勞動過的我，竟然意外地把自己改造成一個夠格的「勞改坯子」。在這三年多的時間，我曾扛過木料、蓋過房屋、築路、挖水渠、剁荒、揹磚、下井鋪道軌，更多時間在煤場裝煤，全都是極重的體力勞動，若是此時讓我再去紡織廠當輔助工人推紗管，那就成了小兒的遊戲了。

由於我的出色勞動，中隊的幹部們，在開大會時，常常把我提出來，作為知識分子的改造樣板，要大家向我學習。其實，我從未承認我是算什麼知識分子，更不是像他們所說，是毛主席的改造政策的偉大勝利。要說勝利，是我用生命與厄運的一場博奕中取勝，當一個人打定主意要豁出去的時候，那就什麼都不可怕了。

在共產黨統治下的任何勞改隊，都奉行一條混帳圭臬：凡囚犯勞動好，就能代表接受改造，思想好；反之，勞動不好就算反改造行為。因此，勞改隊當組長的，全都是體力較好的刑事犯獨佔，從未勞動過的文弱書生，除了受欺凌、被冷落，永遠被列為消極抵抗，不服從改造的弱勢一群。

我的三年搏命奮戰沒有白費，終於從第四等的危險分子，竄上成為積極分子，工資也從原先每月五角錢，升到了最高的二塊錢，更重要的是宣布任命為第一組的正組長，總算讓我熬到了享受睡通鋪首位的特權。這是我從收容站那一天開始，一直覬覦著的位置，至少讓我靠邊睡，旁邊少挨一個人。

新官上任，我也燒了三把火。首先將小組的勞力重新作了合理調整，盡可能把輕省些的活，安排給常受歧視的文化人去幹，如有不服，可單挑我，在勞動中見個高下，這是勞改隊中一條不成文的默規，誰的體力好，勞動強，就能服眾。在生活上，也儘量顧到平日出力多的，譬如刮稀飯桶，就賞給他們去享用，誰若是身體偶有不適的，組長有權讓他們獲得更多的休息，或安排他們不用出工，留在宿舍整理衛生，隊上也自有一套說詞。很快，我這個組長就得到了全組人員的信賴與尊敬。

別小覷這勞改隊中最起碼的芝麻綠豆官，畢竟在精神上輕鬆了許多，就像正在服役的牲口頭上少了一根監管的鞭子，可以說組長就是監管別人頭上的那根鞭子。自己想要歇歇勁，借職務之便，隨意找個藉口，都可以舒展一下筋骨，感覺實在與前大不相同。而隊上的幹部要實行對我們的監管，也全靠各組的組長；組長的背後有幹部撐腰，又成為服眾的基本保證。因此，幹部與組長就成了互補互幫的利益共同體，有時想休息一下了，就找帶工的幹部聊天，或一起研究工作上或生活的種種事由，無形中大半天就過去了。這些勞改隊中的祕辛，若非親身經歷，外人是永遠無法得知的。

不到一年，領導又調我去擔任雜工組組長，勞改隊中的雜工組，是人人眼紅，個個都想擠進來的地方。作為該組的組長，是中隊領導絕對信任的人，也是唯一不需要參與勞動的人，主要是帶領學習，安排勞動，處理中隊各種事務性的工作。雜工組成員包括：揹藥箱的中隊衛生員、給全礦就業人員的理髮員、井下道工、開水灶、餵牲口、趕馬車和其他需要經常外出單獨工作的人。

雜工組成員不僅在自由度上有絕對優勢，尤在吃飽肚皮的食物上，更是獨闢蹊徑，由於他們工作分散，幾乎每人都持有一張單獨的打飯卡，有別於其他四、五十人一組的集體打飯卡。而這些雜工組成員大都與大灶掌勺的私交不錯，除了四號饃不變，其他如小米乾飯、玉米稠稀飯以及蔬菜的分量上，遠比其他人多出許多，有時吃豆芽煮豆腐，滿滿一大杯，光吃菜就可吃飽。

由於三年自然災害剛過去不久，糧食仍是相當緊缺，雜工組就充分利用天時、地利、人和，更是利用出入自由，工作方便，通過各種渠道，可以搞到食物。而我這個當組長的默不作聲，就常有紅燒狗肉、清燉蛇肉、烤得焦黃酥脆的老鼠肉，甚至老鄉剛埋不久的病牛瘟豬等，他們都有辦法做成色香味俱佳的美味送上門來。一到秋季，更是有吃不完的土豆、玉米、核桃、麥穗等農作物，因此我們雜工組常常把從大灶領回來的饃，吃不完就切成片，曬成饃片乾儲存起來。這是初來煤礦，餓得半死的我們所始料未及的。

有一天，從公路走來一大群男女老少，同我們一樣衣衫襤褸，我還以為又從別處調來了犯人，詢問之後，才知道他們是從陝北的延安，逃荒出來要飯的。

延安離我們煤礦往北約四、五十里路程，是著名的革命老根據地，當年毛主席就在延安成立第一個蘇維埃工農聯合政府，開展南泥灣生產自救運動。我從前在上海參加合唱團時，還唱過《延安頌》以及《南泥灣呀，好地方》那些革命歌曲。當地的老百姓，都曾在革命年代作出過重大貢獻，延水河上的寶塔山，也成了中國共產黨革命的圖騰來膜拜。但今天竟親眼目睹了這些老革命根據地形同乞丐的民眾，真讓我錯愕不已。

解放已十多年了，革命老根據地的勞苦大眾，竟與我們

▲八路軍在南泥灣開荒留影。

一樣，甚至還不如我們。記得當時我還詢問了其中一位長者：「你們是延安革命老根據地的功臣，毛主席為什麼沒有派人去幫助你們呢？」這位長者用濃重的陝北口音回答說：「他老爺子在京城坐上金鑾殿叻，早把咱給忘毬唎！」我沉默了，弄不懂一直是宣稱為解放窮人的黨，在取得政權之後，會這麼快就忘掉承諾。十多年了，這些為革命出過力，在戰爭年代的槍林彈雨中，冒死擔過傷病員，把自己省吃儉用的財物、糧食，無私地奉獻給革命，把一切希望全寄託在共產黨身上，就指望讓他們過上好日子的。

過去也曾聽說，包括周恩來總理在內的多位中共領導人承諾過，一定要解決革命老根據地的貧困問題，但始終停留在口頭上，不見任何動靜。在政權奪取之後，傾其全部精力，投注在為鞏固政權，開展接二連三的政治運動，將革命的口號與承諾全都忘光。直到今天，延安仍然停留在中國最貧窮的地區之一，甚至要到勞改隊，向我們這些被打倒的階級敵人要飯。我完全被搞糊塗了，向來對政治不

▲周恩來。

感興趣的我，更覺得政治實在是一種爾虞我詐的賭博，更是一種變幻莫測、骯髒的遊戲，複雜的騙局。

我們也曾嚐盡了飢餓的苦楚，發揚人溺己溺的精神，我發動雜工組的人員，將我們平日積存起來的乾饃片，統統捐出來，反正我們現在有的是門道，不愁食源斷絕。饃乾裝滿了他們兩大褡褳，這些陝北的老鄉們千謝萬謝，稱我們是「好人，你們真是好人」。是的，如果世界少玩一點政治，多一點人道；少弄些權術，多一點人性，世界肯定會美好許多。我在感慨萬千的悵惘中，久久望著這些淳樸憨厚的陝北農民們遠去的身影。

之後他們還多次光臨我們的煤礦，而我們也是竭盡所能，沒有讓他們空手而歸。但這一點幫助有什麼意義呢？中國的百姓，是多麼希望能有一個真正重民生，有民主，講自由，不謀私，不弄權的清潔而廉能的政府，世界上有許多事情，不能墨守成規地去等待，中國是多麼希望有一個突破性的變革。

一個討厭政治的人竟議論起政治來，如同革命老根據地的革命群眾，把我們這些「不齒於人類的狗屎」、「無產階級專政的階級敵人」稱之為「好人」，同樣把我弄糊塗了。這是因為「好人」與「歹人」在任何時代，任何政黨都是無法界定的。什麼叫「勝者為王，敗者為寇」？只要大權在握，就永遠是正確的。

舞文弄墨

進了勞改隊，我還有機會舞文弄墨，憑著一枝筆桿，竟然讓我逃過無數次因工傷亡的可能，這是我從未想到過的。而我能四肢無缺，直到虎口餘生，平安離開，也與我的舞文弄墨不無關連。

中共自建國以來，一向注重文字宣傳，竭盡其顛倒黑白，混淆是非之能事，即使專政單位下的各勞改部門也無例外，甚至把已經捉來改造的人，鼓勵他們寫出偉大、光榮、正確的黨，及黨的勞改政策的英明和人道。記得剛來礦不久，領導就多次號召，凡能動筆頭的，可以不出工，待在地窩棚中寫作。我雖不是文科出身，但在上海圖書館中也還讀了一些書籍，多少也算教過一年國文，平日也喜歡寫些心得隨筆之類，因此這對當時的我，無疑是個大好契機。至少筆桿比十字鎬輕得多，生了火堆的地窩，也比外面暖和許多，更重要的是，動筆頭比較忍得住飢餓，只要能不出工就行。

在那「假、大、空」的瘋狂年代，說真話只能引火燒身，嚴重的更有可能帶來殺身之禍，這些是誰都知道的事實：全國上下說假話、說大話、說空話，早就形成了一股「文風」，只需投其所好，編造一些上面愛聽的謊言，順著這條文思脈絡，下筆就順暢得多。短短幾天，我就寫了好多篇散文、詩歌與小品，然後送交有關部門審查篩選，其中多篇文章被選入省公安廳的內部刊物上，可惜我領到的一本，早因年代久遠，失落在歲月的塵埃中。

記得最清楚的是，我曾寫了兩個獨幕話劇。我曾閱讀過朱生豪翻譯的《莎士比亞全集》，常被莎翁妙語連珠、文采飛揚所傾倒，因此獨幕劇寫起來覺得毫不費力。中心劇情無非是安心改造，逃跑沒有出路，自編自導自演，當然還有根據劇情的需要作為道具，由幹部批條，去大灶領回的額外玉米窩窩頭可吃。獨幕劇中投其所好之外，再搞些笑料與噱頭，舞台效果很好，演出非常成功，受到幹部們的表揚。遺憾的是，寫完之後，還得回到組裡去挨餓幹重活。

文革之前，礦上曾有嚴格規定：凡是戴帽子的就業人員，沒有資格搞文宣，或許當局認為，一個戴著反革命分子帽子的人去宣傳革命，有些不倫不類，或是對革命是一種褻瀆。但在不戴帽的就業人員中，又找不出合適的人選，因此我曾數度上下，有時往往成為幕後推手。在這期間，經歷了多次的競爭選拔，最後領導決定仍由我擔任文宣工作。

一九六六年文革開始那一年，我完全擺脫勞動，正式專職搞文宣。事實上，在無產階級專政下的勞改隊中，原本就是個藏龍臥虎之地，比學歷、才能，各樣人才有的是，我有何德何能獨佔此位？相信冥冥之中，定有神明在庇護幫助。

▲學習毛澤東著作熱潮的宣傳畫。

當時，電腦尚未發明，無論板報、牆報、黑板報或油印報，全要靠人一筆一劃寫出來。文章寫出來要吸引人，字體也很重要，這兩者必須互為依存，才能收到文宣的果效。我對中國的書法自小頗有興趣，有機會就時時臨摹，即使在進了勞改隊，也常常在別人業餘打撲克、下象棋時，不忘在舊報紙上練字。我尤其喜歡中國的隸書，它的特點是寫起來快，字體飄逸，容易掌握，無論用來寫標題或小字，都能收到很好的果效；至於美術字，黑體字就更容易了，熟悉了黑體字的筆法，寫篆書也能得心應手。特別是一大張大型的板報，必須要講究整版鮮明，活潑的排版布局，使用不同顏色與不同字體，有時還需要配上插圖。我對自己的要求極高，絕不草率從事，力求完美，不僅讓人明白內容，更要賞心悅目，也可供文盲、半文盲觀賞。

隨著學習毛主席著作的熱潮開始，緊接著大大小小的語錄牌，猶如排山倒海般聲勢，湧現在大街

▲文革期間，北京機床廠工人創作大字報留影。

小巷以及每一堵牆垣，每一棟建築物中的每一間房舍中。記得當時是這樣形容的：「要以森林為筆桿，大海為墨水，藍天為紙張，也寫不完對領袖的崇敬與頌讚」，於是為我提供了極好的練字機會，常言說字怕上牆，而我的字幾乎全在牆上練的，有時在整面大牆上寫，就得用大號的油漆刷子來完成。

中隊正式成立宣傳站之後，我們不再專一報導勞改隊中的事情，把宣傳範圍擴大到國際外交及國內經濟建設等各個層面的報導。與大家見面的板報、黑板報已不敷使用，隊上特別派一名木工，專門製作許多三十公分高、五十公分寬的框架，之間糊上牛皮紙，再糊白紙，作為將來巡迴展覽用。

有時我一個人忙不過來，又請來一位幫手劉大康，他原在美軍駐華軍隊中任翻譯，歷史反革命。這下可好了，一個歷史反革命，加上我這個現行反革命，兩個反革命湊到一起宣傳革命，聽起來有些諷刺滑稽，但我們仍幹得很起勁；別人都上班去出著牛馬力，我們待在風吹不到，雨淋不著，爐邊烤著饃片，茶水冒著熱氣的室內，做著十分輕鬆省力的工作。劉大康主要是幫我找材料、剪畫報、做校對；我的工作就吃重得多，首先要撰稿、排版，大小標題及文中的小字，都由我一筆一劃來完成。通常六十多塊板報，需要一、二個月才能完成。

由於版面新穎、圖文並茂、色彩鮮明、內容豐富，無論戶外或室內，只需繩子一拉，每塊板報上方都按上鉤子，只需往上一掛，一字排開，立即圍上一堆人上前觀看。我們還經常將這些板報裝上卡車，在其他勞改場所去展出，同樣都收到歡迎和預期效果。這樣較大規模的板報展覽，一共辦了好多期。每次在完成之後，劉大康仍回他原先的小組去勞動，我在完成之後，就幫助中隊做些其他事務性的工作。

從那時起，我因工作的需要，搬出了集體宿舍，住進了單人房間，不用再睡通鋪了，重新擁有屬於自己的床鋪，一張大辦公桌、書架，基本恢復了從前的生活習慣。澡堂何時換新水，隨時可洗澡。雖還兼任雜工組組長，但不再需要過集體生活與繁重勞動。

我沒有向災難屈服低頭，相反，我重新又站立起來，這樣的成就感，甚至是超過社會上所能獲得的。因為我是處在危機四伏，災難隨時可能發生的勞改場所，憑著一枝筆桿，為自己爭取到頭頂的一片天空，深感慶幸之餘，更體會到天生我才必有用的真實，而且每一個人的潛能都是無窮無盡的，只要確定目標，執著去做，即使難成的事，也能夢想成真，擺脫災難，迎來希望。

離開集體，獨立工作，是從我來礦改造第七個年頭開始的。那時，我已正式結束了三年零八個月的勞教期，當時我的身分是戴帽就業人員，每月五十元工資。直至一九八一年離開，在崔家溝勞改煤礦有三分之二的時間，都是待在我自己所努力創造的「辦公室」中渡過，這也就是我之所以能四肢完整無缺，最後平安離開的主要原因。

文革札記

史無前例的無產階級文化大革命，從一九六六年五月姚文元的一篇〈評新編歷史劇海瑞罷官〉開始，從小到大，從官到民，從文到武，到最後愈演愈烈，直到一九七六年九月九日毛的去世，四人幫倒台，歷時十年，後被官方定性為「十年浩劫」。這是中共自建國以來，開展時間最長，影響最深，範圍最廣的一次全國性的群眾運動，被稱之為「觸及每一個人的靈魂大革命」。

當文革運動一旦被確定以後，中國公安部於一九六六年十二月頒布《關於無產階級文化大革命中加強公安工作的若干規定》，簡稱《公安六條》，明確規定：無產階級專政機構中，每一個在押犯或勞改部門的就業人員，一律無權參加文化大革命，不得以任何形式或藉口衝擊無產階級專政機構，不得成立造反組織，不准上訪串連、大字報或其他文攻武衛等活動。

一句話，我們這些專政對象被鎖進了冷凍

人民日報

无产阶级文化大革命万岁！

我们伟大领袖毛主席万岁！

中国共产党中央委员会

关于无产阶级文化大革命的决定

（一九六六年八月八日通过）

一、社会主义革命的新阶段

二、主流和曲折

四、让群众在运动中自己教育自己

七、警惕有人把革命群众打成"反革命"

八、干部問題

▲一九六六年八月八日，中共中央八屆十一全會通過《關於無產階級文化大革命的決定》。

庫。但是我們有眼，有耳，還有進出的各式人員，冷眼旁觀不僅可以看到、聽到，甚至可以評估到運動的每個細節與趨勢，還能看到從外面流入的內部《參考消息》及各類小道消息，真是秀才不出門，便知天下事。不必憑藉「反革命」的政治嗅覺，好像全盤掌握了整個運動的脈絡與動向。

高懸在礦區每一個角落的高音喇叭，日以繼夜地播放著毛的「最高指示」、「最新指示」，在頭條政治新聞中，什麼人上來了，什麼大官消失了，我們基本都能判斷與分析一些蛛絲馬跡來。若要讓我們說出當時的心裡話，那就是希望這個運動越亂越好，亂到天崩地裂，亂到亡黨亡國，否則我們就永無出頭之日。

礦上的幹部也分成兩派：分別是「二一二」造反派與「二一九」的保皇派，這些數字都是代表成立的日子。與社會上其他單位一樣，兩派人馬的大字報，貼滿了幹部家屬大院，並都指控對方是反革命陣營，鬥爭開始升溫升級，演變成漫罵直至追殺。此時，我們這些被《公安六條》魔咒罩住的就業人員宿舍，就成了他們的防空洞、保護傘，雖然我們不分派，但這些幹部平日也十分清楚，我們中間誰是傾向那一派，所以，逢到追殺，他們也不致躲錯地方。

一天，從幹部大院傳來陣陣口號聲，恰逢有事找幹部商量，只見礦上的第一把手黨委趙書記正頭戴高帽，脖子掛著一塊牌子：「打倒走資派趙X」，我在不久前才聽說他因建礦有功，已被任命省公安廳副廳長，怎麼一下子就成了走資派？萬花筒般的政局，真把人看得眼花撩亂，好像今天還是人模人樣，招搖過市，明天就可能成為狗屎被掃地出門，似乎角色的轉換已無需過程，一步就能到位。

趙書記是建礦功臣，一直擔任黨委書記兼礦長，權高位重，一呼百諾，是人人敬畏的首長。高大肥胖，挺著一個大肚腩，寬臉大鼻上架著一副眼鏡，雖然文化不高，但看起來很有一副當大官的派頭，平日常常為我們做政治報告，我們也常在口頭上傳誦著：「趙書記，作報告，形勢大好。」但照今天的形勢看來，對他就不怎麼好了，只見他周圍站滿了群情激憤，振臂高呼著口號的造反派成員。趙書記早已失去了往日的威儀，被鬥得滿頭大汗，佝僂著腰，在大院子裡兜圈子，他的後面還緊跟著一串陪鬥的小嘍嘍。

革命幹部忙著內鬥爭權幹革命，我們這些早被他們鬥臭鬥垮了的階級敵人，在一旁冷眼旁觀看虎鬥，巴不得他們再鬥狠一些，勢頭再猛一些，大家可以一起共享與人鬥的無窮樂趣。各中隊也不用上班了，整天打撲克、下象棋、做小鍋飯、竄家屬院、曬太陽、逮虱子、縫補破衣爛衫，日子過得真是其樂無窮。煤礦早已陷入癱瘓狀態，銅川運輸公司也忙著派別鬥爭，將平日運煤的大卡車，兩派人馬一分為二，都分別裝載出去供武鬥的人使用。

文革期間的崔家溝煤礦，秩序出奇的好，就連逃跑事件都很少發生，從表面上看十分平靜，但每個人的內心，卻是暗潮洶湧，密切注視著礦內外文革的新動向，懷著一顆「於無聲處聽驚雷」處的忐忑心情在期待著什麼。

囤積在煤場上數萬噸的煤炭運不出去，由於長期的日曬雨淋，內部溫度不斷升高，開始慢慢冒出了白煙，最後成為濃煙，漸漸出現了火光，任其下去，煤場將成為一片火海。我們向礦革命委員會作了緊急報告，在革委會的命令下，立即組成三班倒，日夜兼程，完全靠人力，硬是一鏟一鏟將著火的煤翻到另一邊，大家冒著高溫，流著汗，有許多人被硫磺熏倒，被火炭燙傷，從呼吸道咳出的痰，都帶著嗆人的煤焦油，不少人倒下，立即被抬回宿舍休息，換上另一批人繼續幹。

這樣的場面，在十年文革中曾多次重複，原因是翻到另一邊的煤炭，隔不多時，又重新燃燒起來。苦則苦了我們這些就業人員，人鬥人究竟有何種樂趣？且還「其樂無窮」呢！共產黨的這種嗜鬥的性格，都要我們這些階級敵人去付出「其苦無窮」的代價！就我這種原先根本不問政治的人，非得將我弄成「反革命」已是毫無道理，但鬥到最後，竟連一起打下江山，包括開國元勳都打成了反革命。革命，革命，最後革到自己人頭上，真是令人匪夷所思，惟有喟然長嘆，生不逢時了。

在史無前例的無產階級文化大革命中，我仍是一個戴著「現行反革命分子」帽子的就業人員。

那時開始，凡有親屬在礦外的，可享受探親假期了。自五六年九月離上海來陝西，僅有兩年多就進了勞改隊，至今已整整十二年了，六八年十月，我第一次享受探親假，懷著辛酸苦澀的心情，從煤礦坐運煤車到銅川，到西安換乘隴海線硬席車廂，再顛簸二十多個小時才到終點站上海。

睽別十二載的上海，幾乎快不認識了，首先映入眼簾的，是用白石灰水寫著：「打倒劉少奇」幾個大字，這在文革前是反動標語，如今卻大咧咧地寫在鬧市的大馬路上。大街小

▲一九六七年，上海街頭的「打倒劉少奇」和「打倒鄧小平」標語。

巷中，貼滿了重重疊疊的大字報、小字報，經風一吹，破破爛爛的紙片四處飄揚，像是給這座美麗的城市披上了一件襤褸的衣衫。人人臉色凝重，個個行色匆匆，像在逃避著災禍的追逐。

回到家裡，還是那間搖搖欲墜的過街樓，以及我曾棲身三年那低矮窒息的小閣樓。年邁的祖父母更見蒼老了，十二年我連信都很少寫，記得只是剛去煤礦改造時，曾寫信要過一小盒餅乾。兩位老人見到我什麼都沒有問，好像要講的，全在一片沉默中。離開十多年，上海的家裡也發生許多事情：首先是二姑父不知何故，五八年竟死在浙江上饒的勞改隊；四姑父和九叔分別在五六年之後成為右派分子，受到降職降薪處分，畢竟幸運在上海，若在內地的右派，一律開除公職，送交專政機構勞動教養。當我去四川北路拜訪住在三姨媽家的外祖父時，他因地主成分，正拿著一把大掃帚，在吃力地掃馬路，祖孫倆仍然相對無言，好像連起碼的問候，都成為多餘的了。

政治，扭曲了人性，良善的人性正在遭受史無前例的災難。資本家成分的三姨夫，被降職降薪，留在工廠當苦力，下班交由居民委員會的人監管，令其在廁所反省；三姨因她的兄弟，即我的小舅，在台灣國民黨空軍任職，在他離滬去台前，曾將一台收發報機和一支自殺式手槍存放在她家。原是一番好意，想讓她變賣之後，可以買些食物或補品，解放之後，雖已立刻上繳，但每次運動一來，仍是講不清，道不明，無休無止地審訊，成為永遠無法擺脫的夢魘。

當三姨見到我這個從勞改隊來，又是個現行反革命外甥來訪，真把她快嚇出心臟病，在驚恐萬狀中不知所措，我也不想給她添麻煩，因隔壁就有居委會的人在監視，問候過後準備立即告辭，三姨見我剛來就要走，立刻站起身來，用背頂住門，並不住地哭泣。我只好答應不走，勉強吃了一點東西，才讓我回去。

此次的上海探親之旅，其實還有一個任務——相親。已是三十出頭的人了，自己不急，勞改隊的朋友反倒替我著急，三年前就由人介紹了一位名叫馬XX的農村姑娘，斷斷續續通了幾次信，但我始終矛盾重重，猶豫不決，我十分清楚自己的身分與處境，如果貿然成婚，將會給自己，給別人帶來何種後果，因此趁此探親之便，看看情況，見個面，也好作個了斷。在假期終止前三天，我去了一趟常州卜戈橋。

馬XX是位十分壯碩的農村姑娘，小我十一歲，長得寬眉大眼，一看便知是位勤勞能幹的治家好手。我住在她姐夫家，她的家人也留出空間，讓我與她單獨相處。那天我們坐在她家破破爛爛的小客廳中，窗外鄰居頑童早就知道從上海來了一位相親的人，不住地喊著說：「快來看，馬XX上海來人相親啦！」她卻大大方方站起來驅趕他們。

我與她簡單交換了彼此的情況，她曾一度指著一張破舊的茶桌說：「他們要的話，把這也可拿走！」她說的他們，大概是指那些抄家的紅衛兵。我仔細端詳那張茶桌，原是雕花的紅木，因年代久遠，早已破爛不堪，想必她家也曾有過富足的日子，據說祖輩在當地開著一家相當規模的中藥鋪，置有田產，因此，地主分子的帽子，就戴在她父親頭上，難怪我去到她家時，兩扇大門上還貼著「只許地主分子規規矩矩，不許階級敵人亂說亂動」的門聯。

儘管是初次見面，我對她的印象也還不錯，只是一個「現行反革命分子」的我，是否有膽量去娶一個地主分子的女兒，婚後更是要隨我去勞改隊落戶，住進那些破破爛爛的小窩棚裡，一起過著毫無指望，永無出頭的日子。我的心一下從頭頂涼到腳心，即使她是位絕色佳人，我也只能斷然割捨，春夢夢醒了無痕了。

臨別時，我不能給她任何承諾，只是送了一枚戒子作紀念，又給了些現金與糧票，權作三天來的拜訪酬資。事實上，生活在無產階級專政下的我們，怎麼可能擁有「家庭的幸福」、「愛情的甜蜜」這一類資產階級的東西呢？在我短短的幾年生命中，早已滲透了人生的苦汁，更不能奢望娶妻生子，成家立業。我們連最起碼的生存權利都隨時在岌岌可危之中。

大約兩個月之後，從介紹人那裡獲悉，在我離開常州不久，她就嫁到杭州一個茶農家。記得當時我一點也不感意外，還寫了最後一封信給她，開頭寫道：「這幕人間喜劇是該落幕的時候了。」

最後，我衷心祝福她婚後幸福，生活美滿。「相親」無疾而終，死心返礦繼續就業。

一九七〇年六月，我收到上海來信，告知我祖父去世，據說在他老人家臨終前一個星期，由我九叔與小弟陪同去醫院看病，醫務人員要他回答出身、成分，方可就診，當他們知道祖父曾當過敵偽時期的教育局長時，不僅不給治病，竟在叔侄倆人攙扶下，開起了現場批鬥會，返家不多天就與世長辭。翌年，我外祖父也因同樣原因，延誤診治而去世。

在文革期間，醫院、餐館、旅店，甚至理髮店，都要問清出身與成分之後，方提供服務，有的餐館索性就在牆上張貼告示：「工農兵請進來，地富反壞快滾蛋！」那時像我這種戴著四類分子帽子的人，只能待在勞改隊，受到《公安六條》的保護，方有安全感，去到社會可說寸步難行，稍有不慎，即可帶來滅頂之災。文革期間，出身不好的去登記結婚是少之又少的，我不禁暗自慶幸，幸虧沒有在那時結婚，否則將會給我帶來何等的拖累與災難。

冷酷無情的歲月，日曆很快就翻到了一九七六年。這一年，對生活在水深火熱的中國人民來說，是值得紀念的一年，也是中國近代歷史上值得大書特書的一年，更是亂雲飛渡，曙光乍現的一年。

首先是一九七六年元月九日，中國第三號人物周恩來總理逝世；七月六日，第二號人物朱德辭世；七月二十八日，唐山八級大地震，數十萬人葬身斷壁殘垣中；八月十六日，四川松潘地區發生強烈地震，河水泛濫，萬人逃離家園；九月九日，從擴音器傳來陣陣哀樂聲時，我們像是早就預感到是什麼人去世了，因為前不久見到報紙上接見美國總統尼克森那張幾乎要流下口涎的毛澤東相片，他終於也去世了。記得那天下著大雨，我們都被命令，站在雨中列隊致哀，在低迴的哀樂聲中，誰都清楚，我們在心底深處究竟在想些什麼。

該年度的壓軸大戲，現代版的宮廷政變，就在毛去世後一個月，禍國殃民的「四人幫」宣告粉碎。往往在前一個震撼尚未回過神來，下一個震撼接踵而至，且是一個比一個突然，一個更比

▲一九七六年十月，北京各界群衆集會遊行，歡呼粉碎「四人幫」的勝利。

一個凶猛，至於在文革中期的七一年九月十三日，發生了已寫入黨章的接班人——林彪叛逃事件，似乎是為後來發生這連串事件的一個信號。而所有這些事件的發生，與我們這些階級敵人毫無關連，一方面固然是自然因素，但很多事件卻完全是他們革命陣營內部惡鬥的結果，他們所造成的破壞與影響，遠遠超過了我們這些被貼上標籤的階級敵人，我想歷史還我們一個公道的時刻總該到了。

翻案風雲

一九七六年暴風驟雨般的丕變之後，礦上生產逐漸恢復正常，但國內形勢依然詭譎，平靜表象之下，仍有暗潮湧動。只是在七七年，發生了一件令許多人震驚的事件：一個活得不耐煩的就業人員，在廁所的牆上寫了「打倒華國鋒」五個字，案件立刻偵破，不到一個星期，立即以「現行反革命」判處死刑，不准上訴，立即執行，照例是先開全礦「公審」大會，會後押往刑場，也就在礦區附近的那片墳場處決。

華國鋒是毛主席臨終前所指定的接班人，曾有「你辦事，我放心」的字條為據。實在很離譜，一張六個字的便條，不需要通過任何形式的認定，即可成為一張「接班人」的委任狀；而在若干年之後，美國發生槍擊雷根總統的事件，凶手抓獲之後，僅關了幾天，便以神經有問題為由，最後竟無罪釋放。這兩種天差地遠、截然不同的社會制度，民主與人權竟有如此巨大的落差，真令人

人民日报
RENMIN RIBAO

热烈庆祝中华人民共和国成立二十八周年！
紧密地团结在华主席为首的党中央周围，把毛主席开创的无产阶级革命事业进行到底！

中共中央主席、国务院总理华国锋举行盛大招待会
热烈庆祝中华人民共和国成立二十八周年
华主席致祝酒词，代表中共中央、国务院，向战斗在祖国各条战线上的各族人民，向工农兵、干部和知识分子以及一切爱国人士，致以热烈的祝贺和亲切的慰问
叶剑英、邓小平、李先念、汪东兴副主席以及党和国家其他领导人出席招待会
柬共中央书记、政府总理波尔布特等贵宾应邀出席 中外来宾共三千多人

▲一九七九年十月一日，《人民日報》頭版——中共中央主席、國務院總理華國鋒舉行建國二十八週年招待會。

唏噓不已。

華國鋒掌權並不長，又被幾起幾落的鄧小平所取代。隨著鄧的復出，帶動起全國成千上萬件冤假錯案的平反。首先是國民政府時期的縣、團級以上的平反，所謂縣團級，係在國民政府時期任縣長以上，國軍中的團長以上，首批特赦平反的，包括滿清末代皇帝溥儀以及杜聿明等高級將領。這些在解放之後，所謂「大蔣介石一個不殺」的倖存者，一直被關押在各地勞改場所，現今政府開恩，大赦特赦，不僅組織他們去各地參觀，幫助他們安排適當的工作，更讓他們自由選擇去香港或台灣。我所在的中隊，也有一名符合條件的，他們恐怕連做夢都不能想到，原是要就業到死的人，如今還有鹹魚翻身的一天。

緊跟在後面的是右派平反，他們中間若是動作快，外面有門路，在七八年或七九年就陸續翻案成功。最可悲的是右派大學生送來改造，二十多年了，早從一個年輕人成為中年人，根本不能再重返學校當學生，唯有繼續留礦就業至死方

▲華國鋒（左）與鄧小平（右）。

休。此外，在七九年之前平反，尚有補發工資的規定，但需要平反的人實在太多，每一個人都要補發至少二十多年的工資，政府不堪重負，從七九年之後，平反一律不予賠償。事實上，再多的錢，也無法補償二十多年失去的人生中最美好的時光，更遑論所受到的痛苦與折磨。

此時，我這個「現行反革命」也如大夢初醒，開始思考自己的問題了。我不想就此就業到死，只有翻案是唯一出路，我更想要知道我究竟做了那些「現行反革命」的勾當？頭上這頂「現行反革命分子」的帽子究竟從何而來？所幸我的原單位還在，但只有弄清楚自己的底細，寫平反材料不致隔靴搔癢，不著邊際。

檔案，裝著每一個人最隱私、最嚴密的原始材料；尤其在歷次政治運動中，包括別人的檢舉或強迫別人寫的材料；更有許多是為報復、為立功等原因，在不加調查、查證與落實下，全都裝進檔案袋作為罪證。例如有人檢舉，說你曾經講過「吃不飽」，就可以定性為「攻擊黨的糧食政策」，依此類推，可想而知，為什麼會出現「輪番審訊，疲勞轟炸」的場面，因為你永遠不知道別人的檢舉內容，而自己的交待也永遠對不上號，到最後，再加上「頑抗到底」，罪加一等，這就是冤假錯案越積越多的根源。但每一個人的檔案，除了上級主管有權調閱，其他人尤其是本人，更何況還是一個被專政的戴帽就業人員，想看自己的檔案，簡直是作白日夢。

自一九五九年元月二十九日至今，二十多年來，我在勞動、生活、紀律、工作，尤其在文宣方面的表現，一直是有目共睹，曾多次受到獎勵、表彰，以及幹部們的信賴，特別在文革以後，政治上開始活絡許多，我所指的活絡是指少一點政治味，就必然多一點人情味。而人總是有感情的，我與我的頂頭上司——管教幹事的長期共事，雙方都有了信賴，只要是他交給我的事情，我都能很快完成，並讓他十分滿意。有時，我和他都可以像朋友一般，毫無拘束談家常。

一天，我與他在閒談中說到平反的事，他首先問我有什麼打算？我就乘機試探性地詢問他，能否讓我看一下自己的檔案？他當時怔了一下，沒有立即表態，我說：「沒關係，我決不勉強你！」一週後的一個晚上，他悄悄把我叫到他辦公室，囑咐我：「快點看！」隨即關上門走了出去。桌上赫然放著我那厚厚的檔案袋，我以極快的速度瀏覽了一遍，謎底立即揭曉，彷彿我立刻找到一把開啟牢房的鑰匙。我向他千謝萬謝，離開了他的辦公室，著手寫平反信函，可以說得心應手，箭箭中的。即將二十多年的牢獄之災，只花了二十分鐘就寫好，以掛號信寄往原單位。

在我的檔案中根本看不出有任何「罪行」，更無刑責可言，全是些捕風捉影，無中生有，甚至強加猜測的「罪名」，其中最主要的一條，是原上海居民委員會姓羅的鄰居，她寫的書面檢舉材料中，說我「整天吊兒郎當，不務正業，很有反革命嫌疑」，其理由是「全家都去了台灣」。當時的居民委員會，全是公安派出所監視居民一舉一動的眼線。我早就清楚，我的原罪就在「全家都去了台灣」，沒有走成的，拿來抵罪；更何況一九五〇年五月一日，我兄長隻身去台，本有我同行的記錄，這就是足以定性為「現行反革命」的依據了。

檔案中還有一條自己交待的「罪狀」：曾書寫反動標語「打倒共產黨」。這完全是在五八年那次「向黨交心」的運動中，因不堪忍受工廠保衛科日夜換人審訊，非得逼我交待「罪行」，而還得繼續上班，再要繼續審下去，肯定把我逼瘋為止。為早日擺脫這種酷刑，更還迷信「坦白從寬」這根救命稻草，不得不以杜撰「反標」以求脫身。

以上便是我檔案中全部「罪狀」。其中還收錄我在五六年報考大學的成績單，語文得八十一分，政治不及格；此外，還存放原居地上海市盧灣區公安派出所的一份批文：「張XX的問題屬教育問題，有關他書寫反動標語一事，因無實據，應不予處分。」但我仍未能逃脫牢獄之災，並為此付出人生最美好的黃金歲月，把我好不容易捧到的教師飯碗打碎，強制下放車間服勞役，掃廁所尚且不夠；最後，為湊人數，為完成公安大躍進抓人的指標，強行送進勞改煤礦，吃足了人間難以置信的苦頭。甚至，強行扣上一頂「現行反革命分子」的帽子，在到達煤礦的當天，只差向前跨出那奪命的一步，就葬身在六〇年七月一日的瓦斯大爆炸中。

與虎謀皮

以二十多年的漫長歲月，還望不到盡頭的牢獄之災，竟用不到二十分鐘就寫好了平反材料，這也只有在中共統治下的中國才可能出現的奇聞。信發出之後，我有絕對把握平反必定成功，即使再沒有法制，再罔顧人權的政府，在如此清晰、簡單的事實面前，不可能再推諉搪塞，置之不理的，但要處理像我這類案件的人，也實在多如牛毛。反正二十年都過去了，現在的我，早已不需要在飢餓中出大力，只需在我以自己的能力，為自己創造的辦公室裡耽著，有的是時間等候。

自七二年二月美國總統尼克森訪華的所謂「破冰之旅」之後，緊錮的國門像是被撬開了一道縫隙，鑽進了一絲自由的氣息，特別在粉

▲毛澤東與尼克森一九七二年的歷史性會晤留影。

碎「四人幫」之後，隨著國際、國內形勢鬆動，有如在一條冰封的河床中，注入了一股暖流，使我們這些沉浸在冰河底層的魚蝦又重新鮮活起來。

任何一個久被囚禁的人，他們對自由的嚮往是特別靈敏的，即使從鐵窗外偶而飄進一根小鳥的羽毛，也會浮想聯翩，思念著外面藍天白雲下的廣闊世界。人們賴於支撐生命的糧食，也活絡許多，從開始的偷偷摸摸，一直到大張旗鼓，公開販賣農產品的自由市場，好像一下子全冒了出來，就連我們勞改煤礦的廣場上，也一字排開，各種農副產品應有盡有。那時的就業人員，雖然工資不高，但多少有了些收入，想填飽肚子已不成問題，只要有錢，天上飛的、水中游的、地上走的，全部能買得到。

填飽肚子以外的文化生活，在過去是連想都不敢想的，如今也正悄悄發生著變化；往日，四個「樣板戲」看得叫人倒足胃口，如今，在露天操場上放映的，竟有久違的國外片，什麼《俠盜佐羅》、《碧海仙蹤》，甚至還有美國的文藝片《音樂之春》……大家爭相擁擠，驚喜莫名，想不到煤礦之外的世界，不僅充滿了生機，而且如此多采多姿，令人目不暇接，感嘆不已。中國也正像是一個沉睡的巨人，逐漸甦醒，張開迷惘的雙眼，驚奇於周遭的變化，那顆麻木冰涼的心，也因在溫暖春風的吹拂中，開始重新悸動。

昔日，懸掛在礦區四圍的高音喇叭，整天播放著震耳欲聾的革命歌曲，今天，竟能聽到早被批臭，快被遺忘的所謂靡靡之音，像是鄧麗君的《何日君再來》、周璇的《四季歌》。這些軟綿綿的柔性歌聲，像是從溫柔鄉飄來一陣熏風，撫慰著我們結痂的心靈，也喚醒了我們：原來世界上的人還有另外一種活法。

掌控播音室的人，大概懂得欣賞美妙的音樂，有時還能聽到諸如史特勞斯的《圓舞曲》、舒伯特的《小夜曲》、柴可夫斯基的《悲愴交響樂》、格林卡、柏格尼尼以及其他音樂家的著名樂曲。這些久違了的天籟之音，常常聽得我熱淚滂沱、熱血沸騰，我的人生在經歷了一番生與死的博奕，人間煉獄的煎熬，重溫這些耳熟能詳的旋律，讓我感悟到更深層次關於生命的真諦與反思。回想起年輕時代所作的音樂美夢，活生生地被生硬的政治所扼殺，時至今日，虎口餘生，竟半生韶光已然消逝，我像是一株被巨石壓住的小草，從縫隙之中，向外窺探那久違了的陽光和雨露。

一九七九年初，中美建交不久，我突然接到一封貼著外國郵票的信件，打開一看，作夢也未想到竟是我父母從美國洛杉磯寄來的。自一九四八年春，他們去了台灣，已有卅多年音信全無，也不知道他們怎麼弄到我的地址，並直接把信寄到勞改隊，這在兩年前，足以要了我的小命，一個裡通國外的反革命鐵證。信中說他們已於七六年從台灣國際電信局退休，隨即移民美國洛杉磯，他們希望我見此信後，立即向有關當局申請來美相見。

讀了以後，我的腦袋竟然一片空白，不知所措，更不知道應高興還是應悲傷？可以肯定的是，我早已失去了那份激情：我的抱負、我的努力、我的才幹，甚至生命中最美好的年代，如同賭本，全部投注在求生自保的博奕中，我的年齡與精力，不可能在一個完全陌生的環境中，再去開創新的未來，一石投水，無波無瀾，我的心已涼透了，但我發出的第一封要求平反的信函，已有半年未見動靜，此路不通，我倒不如試試去美國，我實在不甘心非要老死在勞改隊。

明知希望不大，我仍然找了管教幹事，他說這件事非比尋常，要我直接去找礦領導，我抱著不妨一試的心態，敲開了礦領導的門，拿出信函，支支吾吾說明來意，這位領導「啊？」了一聲，我不得不清清嗓子，再重複了一遍。最後，他終於弄清了我的來意：

▲外匯券。

原來是一個還戴著「現行反革命分子」帽子的就業人員，要申請去到美帝那裡會見家人的事。他又是一聲「啊！」，沒了下文，我只有默然倒退著，離開了他的辦公室。我知道我不僅在作白日夢，更是與虎謀皮。後來，聽中隊管教幹事告訴我，這位礦領導還去了我所在的中隊，瞭解我的改造情況。這件事若發生在三年前，我恐怕早就吃不了兜著走，先捆上一繩送進土牢，然後等著加刑吧！但畢竟時勢不一樣了，寒冬過盡，春到人間，這是造物主的旨意，絕非強權政治所能改變的，即使是鋼牆鐵壁的大牢門鎖，也終有鏽壞脫落的一天。

社會的風氣日漸地開放，也聽說個別人申請去港獲准的消息傳來，在三年前的大陸，特別是在文革之前，凡是與海外關係沾上邊的，人們見到像是瘟疫，避之尚恐不及；如今，真所謂「卅年風水輪流轉」，凡有「海外關係」的，那怕就是與香港沾了親的，都好像神氣起來，至少他們可以弄到「外匯券」，能在特定商店買到市面上少見的高檔商品；街道上也漸漸出現穿大褲管的人，據說這是最時髦的服飾，也有人手裡拎著正響著流行歌曲的收音機招搖過市，至於太陽眼鏡上貼著的那張小標籤，是不能撕掉的，否則就證明不了它是正牌的「舶來品」。

往日，面露菜色，目光痴呆的人們，如今漸漸綻露出一絲笑容了。當刻板僵硬的生活，一旦注入新的內涵，催化出新的思維方式，正在悄悄潛移著人們的觀念，這是因為民主、自由、平等，這些人類最基本的訴求，乃是不可阻擋的大勢所趨，也是人心所向的世界潮流；而一切僵硬、專制、獨裁的高壓統治，也絕不可能持久，我堅信中國終究也有改變的一天。

事實上，就在我已經進入勞改隊那一段歲月裡，中國的歷史，好像有多種不同的版本可能出現：第一種可能是一九七一年九月十三日，林彪叛逃前，若是他謀害毛的陰謀得逞，中國該是何種情況？第二種可能是一九七六年十月，如果沒有粉碎「四人幫」，中國又該怎樣的局面？第三種可能是華國鋒繼續掌控政局，中國能有什麼樣的改變？最後，陰錯陽差，改變中國歷史的重任，竟落在宦海數度沉浮的鄧小平身上，一反過去的僵硬教條，他的「白貓黑貓」，靈活務實的治國方略，立即在很短時間內初見成效。中國，這個仍戴著共產枷鎖，臃腫的亞洲巨人，終於邁出蹣跚的步子，轉換跑道，重新出發。

為了促使我的平反早日實現，第二次要求平反的

▲一九六六年，林彪（左）和毛澤東（右）留影。

申訴，我的措詞強硬了許多。勞改單位只是執行機構，解鈴必須繫鈴人來解，唯有找到送我來的原單位，問個水落石出，才是我唯一的出路，更何況我已看過了自己的檔案，有恃無恐，我甚至要求與他們對簿公堂，非得討回公道不可。果然，不到一個星期，就來了原單位的覆信，並答應立即處理我的「案件」。

錯案平反

陝北的冬季特別長，立春過後，那件破棉襖還不能離身；夏季的來到也要比江南晚得多，除了中午比較乾熱，但黃昏後，只要落日的餘暉在西山隱匿，立刻涼風習習，即使盛夏天候，夜半還離不了薄被裹身。不知是否預感即將離開，彷彿現在才知道，崔家溝煤礦還真是個避暑的好地方，即使在嚴寒的冬季，皚皚白雪在青翠松柏的襯托下，更是分外妖嬈，賞心悅目。有時，我們會忘記這裡曾經帶給我們的災難。而在這二十多年中，特別是在那些飢餓的年月裡，我們的足跡曾踏遍了附近的山山窪窪，向大自然的母親索取活命的乳汁，也幸虧有這一片莽莽的林海，無論是動物或是植物，我們確是因著它的恩賜而僥倖活了下來。真所謂靠山吃山、靠海吃海，是大地哺育了我們，這不是一句浪漫的歌詞，而是飽含生命的真實，令我至今仍在懷念那一眼望不到邊際的山巒與林海。

一天，中隊幹事悄悄告訴我，說我的原單位已派人前來煤礦瞭解我的情況了，恐怕不久定有分曉。八〇年七月下旬，果然收到我的平反信函，其紅頭文件如下：

西安市公安局「關於對張XX問複查的批覆」

西公內字（八〇）XXX號

西北國棉六廠：你廠一九七九年九月十日報來張XX的複查材料收悉。經我局一九八〇年七月七日會議研究同意你廠「關於張XX問題的複查報告。撤銷西安市勞動教養委員會一九五九年元月二十九日對張XX勞動教養的決定。」張XX的問題是一件錯案，應予平反，恢復名譽，收回復工。

一九八〇年七月十八日（公章）

從文件標明的日期計算，已整整二十一年半，僅僅用了一百多字作為交待，也就是我從二十四歲至四十五歲，在人生最美好的黃金歲月，莫名其妙，白白受了二十多年的罪，最後就歸納為三個字：弄錯了！而且承認是一件錯案，但錯在那裡，也未作交待。原先好像應該高興的事，此刻，竟有一種欲哭無淚，欲吼無聲，腦子一片空白，這八千多個日日夜夜的煎熬，換到手就這一張薄紙，我還能向誰再去申訴，就這張薄紙，也還多虧了那位好心的管教，若沒有他幫忙，我也肯定與其他人一樣，非得把牢底坐穿不可。

我確實是生錯了年代，正趕上中國近代歷史上最為瘋狂、最為黑暗的時段，我曾一再表明對政治毫無興趣，但避之尚恐不及的政治，非得像惡鬼纏身般糾纏不休，更讓我感到厭惡的是強迫人說假話，甚至將人逼到一個地步；讓你自編假話，以求擺脫無休止的審訊，這是最毒的絕招。已經將人整得半死，打進了十八層地獄，還得要你「憶苦思甜」，高唱：「天大地大不如黨的恩情大，爹親娘親不如毛主席親」，莫非執政當局要創造出一種新人類，要求他們的感官功能與思想意識全都是反向的；包括香臭不辨，是非顛倒，饑飽不分，善即是惡，惡即是善，我想即使古今中外的歷史上，也難找出如此「偉大，光榮，正確」的政黨了。

怪則怪在我們的老祖宗發明的「理」字，理是從王字邊，王代表權，有了王的權力，就成「理」了，而我們偉大領袖就更直接了當：「槍桿子裡面出政權」，試問，有那一個不要命的，敢在槍口之下去講「理」？一個藉著手中的槍桿子，用來壓制民意，維持獨裁；將人整到家破人亡，還要你三呼萬歲；把人餓到半死，還要你假裝打著飽嗝說：「我吃得太飽了！」也許是這種政治狂人自己先瘋掉了；否則，怎會出現如此的人性落差？

錯案平反，引發我很多反思，將近一個世紀國共兩黨的惡鬥，戰場上下所死傷的人數，為此受牽連的冤假錯案，更是無法統計。每一個無助善良的中國人不禁都要問：哪一條路，哪一個政體，才適合中國？在經歷了如此多災多難之後，還能不能記取這些教訓，而讓歷史不再重演。

平反，並沒有給我帶來任何喜樂，但日子還得繼續過，儘管我像是麻木了，但平反之後的後續工作仍得進行。首先應該解決的是戶籍問題，當時全國正在盡量壓縮大城市人口，戶口報不上，吃糧就成問題。此外聽說又有新規定：凡因冤假錯案平反的人，一律在原地解決就業問題，若是屬實，那麼翻不翻案全都一樣，充其量就是去掉了頭上那頂看不見的反革命帽子。我決定再去爭一下，請假直接找到原單位保衛科，指著平反信函中「收回復工」的字句，這是管戶籍的公安局發出的信函，沒有理由拒絕，他們總算答應為我去交涉。

返回煤礦，又等了半年，西安市公安局終於答應將戶口遷入，一切離礦手續辦妥，已是一九八〇年年底了。從一九五九年元月二十九日收容，到如今離開，整整二十二個年頭。來礦時還有一只箱子，走時僅一捲爛鋪蓋，也沒有一個人前來送行，這樣更好，我也不忍看到與我日夜相處的他們的落寞與無奈。我在他們的心目中，我一定是一個多麼幸運的人，但五味雜陳的我，說什麼都是多餘的了。現在留下繼續就業的，除了一些刑事犯不能平反之外，也有很多原單位已經撤銷，申訴無門，只能留在礦上繼續就業，因政治問題送來的，大約百分之九十以上，都得到甄別。

走的那天，天空飄著濛濛細雨，山谷中傳來絞車房隆隆的機聲，以及礦車滑過鋼軌的回聲。崔家溝的一草一木，太熟悉，太熟悉了。二十多年來，我曾在這一片礦區打拼。揹磚瓦，蓋房舍，築公路，裝煤炭，流過血，流過汗，更忘不了刻骨銘心，在極飢餓狀態中幹著重活，都點滴在心。過去了，一切都無聲無息地過去了，好像那一切的苦難，是另一個我在承受；今天的我，正坐在運煤的大卡車上，從絞肉機中脫逃，投奔自由，重返社會。當車輛行駛到那一片空曠的墳場時，白茫茫一團氤氳濃重的霧氣，像是湧動著一個個屈死的冤魂，正在列隊歡送我這個死裡逃生的幸運兒。莽莽蒼蒼的原始森林中，傳來鴟鳥的哀鳴，在盤山公路的拐角處，想起二十多年前，同樣坐著煤車去到礦上時，就在這裡，發生一起逃跑的事故，彷彿就在昨日一般，我回過頭來，在淚眼迷濛中，又望了崔家溝煤礦最後一眼。

從銅川下車，換乘東去的火車到達西安，順利地報上了戶口，我被安排在廠招待所，等待重新分配工作，我知道他們不可能再讓我去車間推紗管，那是當時以教師身分下放勞動的工種。久被禁錮的身心靈，此刻得到了充分的釋放，闊別二十二年的西安並無多大變化，但我仍然好奇地重新打量這座古老的城市，貪婪地呼吸著自由的空氣，盡力找回重新做人的感覺，感受到從未有過的愜意和酣暢。

住招待所，是我一生中最自由自在的日子，既不屬於任何部門，也無直接監管的頂頭上司，雖然平反已不再補發工資，但在礦就業十年多，工資不高，住幾天免費的招待所，自費一日三餐，還是可以應付的。

我特別喜歡吃油條，記得在收容站，那位從煤礦前來領人的幹部，在向我們介紹煤礦的生活

▲王洪文被帶上法庭受審。

▲審判「四人幫」。

時，說到早餐都有豆漿、油條供應，等了二十多年也不見個影子。到了西安第二天，我可以自由自在地進了點心鋪，一下就買了十根油條，舀了三次豆漿，不消片刻，全下了肚，仍意猶未盡，腸胃角落還有空檔，但見到店家吃驚的眼光，就不好意思再買了。原先吃早餐，我也是一、二根油條的飯量，並有嚴重的胃病，想不到經過長期的飢餓療法，不僅根治了我的胃疾，還成了大胃王，有時我一頓能吃完一大鍋的麵條，這也許真要感謝勞改隊的無量功德，要說收穫，這也算得上是我的改造成果，但要付出如此巨大的代價治胃病，恐怕令其他患者都會望而卻步了。

每到傍晚，我就去觀賞審判「四人幫」的電視節目。已經進入二十世紀八〇年代了，我還是第一次見到電視機這洋玩意兒；一個小小的黑白電視機前，上百個人頭在攢動，後面的人只能站在凳子上，伸長了脖子才能看到。

審判王洪文，我從前只在勞改隊看報時，見到過他的相片，他原是上海國棉十七廠的保衛科幹事，文革時造反起家，不知何故卻時來運轉，被四個偉大（編按：毛澤東曾被稱為「偉大導師、偉大領袖、偉大統帥、偉大舵手」）看中，在別的老革命窮其一生也難做到的高官，他則在短短的兩年時間，從一個平頭百姓，一下就竄上了中共中央副主席、中共政治局常委、國務院副總理，僅次於毛、周，坐在第三把交椅上。

那時的他，梳著大包頭，蹺起二郎腿，翩翩風度，儀態萬方，你無論怎麼看，都有王者風範，富貴面相，是一個天生的領袖人物，他接見外賓的相片也常在頭版亮相；曾幾何時，比變戲法還快，政治魔術師手中的魔棍一揮，電視中同一個人，怎麼就成了一個剃著光頭，目光痴呆，神情猥褻，無論從那個角度去看，根本就是個不折不扣的一副囚犯相。角色與身分的轉換不需過程，而下台比上台來得更快，我真是搞糊塗了，不知那一個才是真正的王洪文。在這提倡假、惡、醜的年代中，好像人人都必須戴上一個面具見人，你不戴，自有別人幫你戴，一個個超級政治明星，如同走馬燈一般，你方落馬，我登場，其實都是出自超級政治魔術師的精心傑作，不能不讓人嘆為觀止了。

返回六廠之後，偶而還能遇見二十多年前，我曾經教過的學生，他們有的已當上了車間主任或別的領導職務。也常常碰到下放時，曾在同一個車間的女工，她們全都為人母，有些年長的已快當祖母了。畢竟人生能有幾個二十年？相見之下，好像隔了一個世紀那麼遙遠。如果當年六廠按上海盧灣區派出所的裁定：我屬於教育問題，不予處分，放我一馬；但我能否逃過五九年之後的任何一個政治運動，特別是一九六六年開始，十年的文化大革命這一關，我就插翅難飛。總之，像我這種背景的人，早晚就是一條勞改命，如在文革期間抓我，肯定早有了妻兒老小，到那時，我所要承受的苦難已不是一個人了。

遲來不如早來，無論遲早，想躲，躲不過，想逃，逃不了，除非逃到台灣，我想若是五〇年與老大一起去了台灣，今天肯定會出現另一個版本的回憶錄，只怪我的時運不濟，命途多舛，不但與台灣無緣，卻沾了「台灣」一身腥，但我絕不怨天，更不尤人。說實話，也幸虧造物主在大陸版圖的東南角，設置了天然屏障，安置了一座自由、民主，名叫「台灣」的寶島，才能讓我的家人在那裡安居樂業，逃過劫難。

在美重逢

過了自由自在十多天的招待所生活，我被通知安置在國棉六廠的子弟中學，這大概是和當初由上海高考招生辦調我去紡織技工學校教書有關，其實該校早已撤銷，因是同一紡織系統，因此平反之後將我安置在子弟中學，也算是順理成章了。畢竟已有二十多年，那時在技校初執教鞭已有一些把握了，就將我下放到工廠，運動一來，為要湊人數，將我隨隨便便往勞改隊一送，那些原在保衛科整我的人，早就忘掉還有我這麼一個如此命硬，弄不死、整不垮的人又回來了，但我絕不記恨這些奉命辦事的人。

我向校方表示，因荒蕪太久，雖然是「無罪釋放」，但不宜再為人師表，他們也很體諒，暫時將我安插在中學的教導處，可說是個閒差，多一個，少一個，都無所謂，屬於那種上班一支煙、一杯茶、一張報紙混一天的類型。值得一提的是，少了往日那種凝重沉悶，人人自危的政治氣氛，隨著毛的去世，四人幫的倒台，政治學習基本早已取消，也不再搞運動了。一種平靜恬淡的日子，像是老友重逢，輕鬆而自然，除去了面具，大家坦誠相待，人際關係不再劍拔弩張，你揭我的傷疤，我撕你的臉皮，人們早已厭倦了長年鬥來鬥去的日子，大家也確實都累了，都嫌了。適逢四起四落的鄧小平重掌政權，總結回顧三十多年的內鬥折騰，百廢待興，重新出發，一個所謂撥亂反正的新時代已悄然來臨。

中美建交與我的平反，幾乎是齊頭並進，我曾在前面提及，曾向煤礦領導申請去美探親一事，只聽到「啊？」的一聲，就沒有了下文。平反回西安之後，不僅與我的雙親通了信，也通了電話，在母親的催促下，我很快辦妥護照，一九八一年七月去北京美領事館辦簽證。那時，緊鎖卅多年的國門才打開不久，中美建交，共產統治下的中國人可以申請去美國，這在當時若非親身經歷，就是作白日夢也難想像。每天清晨，人們就在領館門外，排起長長的人龍，地上鋪著報紙席地而坐，聽說排在隊伍前面的人，半夜就來報到。人人臉上掛著似笑非笑，卻難掩焦灼不安的神情，像是去廟堂求佛拜籤，誰

▲一九八二年九月，鄧小平主持中共十二次全國代表大會開幕式留影。

都沒有把握，全是一副盲人摸路的狀態。

我仔細觀察每一個被叫進去的人，如果一出門，一副神采飛揚，像是中了頭獎的模樣，不用問是准了，然後圍上一堆人，問長問短，一起分享准簽的喜悅；但大多數出來的人，卻都是一張難掩悲痛的苦瓜臉，有的甚至摀住嘴巴哭著出來，有如此嚴重嗎？也許他們背後，都有一個辛酸淒迷的故事。

終於輪到我了，當這位美國人弄清楚我的父母親是美國公民，而我這個四十多歲的人，還是單身漢，申請探親是禿子頭上的虱子，明擺著不可能返回的，立即拒簽。當然，我也不能說出我的故事。好在我的生命中，早已習慣了這樣的逆向人生遭遇；包括想升學，升不了，要去台灣，去不成，想進文工團，進不了，甚至想去繼續打掃廁所都辦不到，最後卻把我送進了勞改隊，差點送命。因此，拒簽不准，美國去不成，我一點也不感到難過或委屈。

人民日報
RENMIN RIBAO
在中外记者招待会上
华主席宣布我国政府对台湾的政策
中华人民共和国和美利坚合众国关于建立外交关系的联合公报
中华人民共和国和美利坚合众国关于建立外交关系的联合公报
就中美两国建立外交关系
我国政府发表声明
重申台湾是中国的一部分，解决台湾归回祖国、完成国家统一的方式，这完全是中国的内政。
邓小平副总理应邀将于明年一月正式访问美国
中华人民共和国政府声明
华主席就中美建交举行记者招待会
宣读中美建交公报和我国政府声明

▲一九七八年十二月十七日，《人民日報》頭版刊登《中美建交公報》。

說實話，我雖已得到平反，還能返回原單位工作，但長期生活在無產階級專政下的我，仍然心有餘悸，誠惶誠恐，夾緊尾巴做人，在經歷如此一場人生的大災大難之後，我已對前途、生活，對整個人生全然失去了憧憬與信心，我完全成了任憑命運擺佈的傀儡，夢想一一破滅。同時，我也在思考另一個問題：到美國我能做什麼？一個已到中年，不諳英語，又無一技之長的人，如何維持生計？不去也罷！再則，我對美國的《移民法》也是一竅不通，自以為用探親名義申請，好像在向政府表示我不是叛逃，我還會回來的姿態，欲蓋彌彰，一切全搞砸了。簽證告吹，自京返陝不久，就貿然接受同事介紹，於八二年初，和當地的一位回民完婚，兩人年差二十一歲，同年底得一女兒。

一九八六年再次申請探親獲准，大概是因有人質在大陸的緣故。五月一日，這個奇怪的日子，因為在卅六年之前的五月一日，我原可能與兄長一起離開大陸去台的日子；卅六年之後的同一天，我拿著父親從美國寄來的飛機票，由上海虹橋機場起飛。我這個真正從勞改礦井，十八層地獄中爬出來的人，此刻正坐在美國聯航七四七客機上，一瞬間就竄上萬呎藍天，雖是生平第一次坐飛機，而且是與睽別卅八年的雙親見面，卻仍然心如止水，無波無瀾，形同夢遊。

東京暫停之後，又連續飛行十多個小時，終於降落在洛杉磯國際機場，父母親早在候機室等候。自四八年秋，在南京離別，至八六年夏，再度在異國相見，按常理應該是興奮與激動的，但我像是一個剛從惡夢中醒轉的異鄉人，面對睽別近四十年的雙親，竟是無言以對，好像一切言語全屬多餘。若是當年初到煤礦，只需向前跨出那奪命的一步，那麼此刻相見的，必定是我的鬼魂。

洛杉磯，這個美國西部最大的城市，幾乎天天是藍天白雲，高聳入雲的棕櫚樹，猶如城市的哨兵屹立在道路兩旁，蜿蜒逶迤的高速公路上，爬滿了螞蟻般的車輛。高層樓宇雖然不多，但所有的建築物，都色彩亮麗，風格迥異，布局合宜。街道行人稀少，店鋪整潔明亮，商品琳瑯滿目，整個城市律動著生命的脈搏，朝氣蓬勃，我實在看不出它有哪一點是腐朽、沒落、行將就木的衰敗跡象。

來美探親僅兩個月，即返西安。翌年十一月，女兒五歲，全家移民美國，開始了新一輪的苦澀人生。

後記

我自降生就連年兵燹不絕，從小由祖母養育，與自己的父母親聚少離多，客觀形成孤僻自卑的性格。頭腦早熟的我，陷入沉思，莫名其妙地會墜入與年齡絕不相稱的奇怪夢幻之中，即使在上課時，思想也不能集中，導致我的學業成績永遠是班上最末。

從鄉鎮小學，到城市中學，正是我頭腦成熟之後，然而一旦觸碰到西方的交響音樂，以及之後窺探到世界文學的瑰寶，像是與我生命的密碼對上了號，使我的白日夢注入新的養分，令我能長時間地在優美華麗的樂章中激盪；在行雲流水般的旋律中沉思，沉浸在虛無縹渺的遐想之中；當音樂之路行不通，我便一頭栽進了圖書館，在世界文學的寶庫中，尋找人生的真諦，聆聽那些睿智的文學大師們，對於人的生命的詮釋、感悟與思考，從而在我眼前呈現多層次的人文觀。所有這些，都給了我日後在逆境中求生，在厄運中抗爭的勇氣與力量，使我自小孱弱的體質，即使身處絕境也毫不退縮，勇敢迎戰一個接一個人生的不公不義而得重生。

人生之路，充滿了變數，各種偶然與必然，都可能成為人生走向的決定因素。更何況出生於戰亂，成長在一個瘋狂的年代。我也曾努力過、爭取過，但在無產階級專政的鐵拳下，被一一擊碎。

我也曾與我父親作過比較，聽我母親說，父親從一個小報務員，做到局長，在台北局長任內，兼任台灣一大學副教授。一個初中學歷，卻能踏上大學講台，一方面固然是他個人的勤奮好學，自學成材；但不能忽略最主要的因素：中華民國政權無論在大陸或台灣，民主、自由、公平競爭的大門，始終為平民百姓所敞開，只要肯努力，成功全由自己掌握，這是不爭的事實。而我就沒有那麼幸運了，面對一個不循法理，殘暴冷血的政權，無論你付出多大的努力，最終都將踢到鐵板上，更何況我的頭上有著「台灣」的印記，非得置我於死地而後快。

如果我以父親為榜樣，有什麼可誇的話，那就是我曾用一枝筆，讓自己從死神環伺中，得到救贖重生。

來到自由世界的美國之後，我時時思考著一個問題：馬克思、恩格斯，這兩個共產主義的創始人，早先在英國皇家圖書館中，苦思冥想出一

▲《偉大的無產階級革命導師馬克思和恩格斯》封面。

套人類最美好的烏托邦——共產主義，隨即由蘇聯的列寧、史達林按圖索驥，付諸實踐，甚至創建起包括東歐在內的共產主義體系；卻在一個名叫戈巴契夫的手中，摧枯拉朽，歷時八十餘年的共產經營，一夕之間分崩離析。

在大陸家喻戶曉的「戰鬥英雄」——黃繼光、董存瑞，他們曾用年輕的胸膛堵住槍口，贏得勝利，難道它的終極目標，僅是給一小撮人的專制與獨裁的權力？自給尚且不足，但為革命，出錢出力，甘冒槍林彈雨，抬擔架，出生入死為革命的延安老根據地的百姓，其結果不僅是當初的承諾泡湯，最後竟讓他們成群結隊，去勞改隊討飯，當局竟然可以視若無睹，不聞不問？大陸招募空軍入伍，必須調查祖宗十八代的所謂貧下中農成分，但駕機投奔自由台灣，也早已不是新聞，世上許多事情的起因與結果，全都是一場荒謬絕倫的鬧劇，永遠不能以邏輯思維去推論。

一九八七年十一月，移民來美之後，我第一個想見的人，就是上海解放的第二年，即一九五〇年五月一日，隻身去台的兄長，其時他的職務是國府外交官。也許他早已忘了五〇年五月一日，這個決定我們兄弟兩人命運的日子。他走掉了，當了外交官，我沒有走成，當了囚犯，天淵之別，卻又一次印證了兩種社會制度下截然不同的兩種人生走向。

來到美國，我很想要見見他，但絕無興師問罪的意思；相反，我還為他慶幸逃過一劫。我敢斷言，若是當年他未走成，那麼送去勞改就非他莫屬，因他走後，公安部門對他的調查，涉及留在大陸的所有親屬，並曾聽說，他走前在復興中學讀高一時，已掌握了他的「反動言行」，他走後留下的爛攤子，由我來收拾。老實說，按他大少爺的脾氣，肯定經受不起那種非人的待遇，其結果不是自殺，就是逃亡，兩者都是死路一條，絕對不會像我，自小在不公不義的環境中長大，最終成為本錢，使我能熬到最後一刻。然而別後長談，也該是人之常理，遺憾的是，他好像刻意迴避著我，妹夫替他緩頰，說他的職務敏感，不便與大陸來的人接觸，原來如此，是怕我向他策反投共而避嫌。數十年的隔閡，已使人無法溝通。二〇〇四年，他因病去世，享年七十一歲，願他在天家安息。

我想無論是「座上客」或「階下囚」，也無非是一個人在生命過程中，體驗與感受上的區別，到最終都殊途同歸，埋入黃土，如同一切美味珍饈與豬狗食料，只是在味覺咀嚼過程中的差異，最後都落入茅廁。人生好像永遠存在兩大悲哀：一種是已得的無聊與厭倦，一種是未得的痛苦與失落。我的經歷卻告訴我，人生實在是一場虛空，虛空的虛空。

若有人問我恨不恨共產黨，我幾乎毫不含糊地說：「不」，這是否有悖愛恨情仇的人性常理？連存放在共產黨公安局的檔案中，找不到我有何罪，以一個全然無罪之身，讓我經歷了生不如死，在人間煉獄的煎熬而能復生的我，如同歷練了一次大徹大悟的涅槃，早已不是恨不恨所能涉及的層面。在我踏上社會，面對的學生全是共產黨員，我絲毫沒有恨他們，這些原本都來自淳樸的農家子弟，他們參軍作戰，在槍林彈雨中最後復員，都是為自己找到一條美好的人生道路。我有什麼理由去恨他們？相反，我與他們還建立了很好的師生情誼；勞改之後，遇到前來討飯的延安老革命根據地的民眾，我同樣想不起有任何恨的意思，還盡力暫解他們枵腹之困。我實在找不出有任何一點「反革命」的蛛絲馬跡。

我之所以戴上「現行反革命」的帽子，送去勞改的唯一罪狀，就是全家都去了台灣。兄長是解放之後「潛逃台灣」，並有我同行的記錄；大舅、小舅全是台灣國民政府空軍現役軍人，所有這些有案可查的資訊，早被無孔不入的中共情治部門所掌握，有著如此家庭背景而沒有走成的我，必然成為替罪羔羊，也就順理成章，不足為奇了。

我雖被中共定性為「現行反革命分子」，但我到今天仍然一再聲明，我對政治不僅毫無一點興趣，甚至極其厭惡，這系列回憶全是我個人的親身經歷，如實描述我的所見、所聞、所思、所感，而且絕無虛擬或渲染的成分，有許多章節或事件，都不加任何修飾地平鋪直敘，肯定還有掛一漏萬，遺留不少重要的情節。我只想讓我的罪沒有白受。我尤其想要告訴我的台灣同胞，你們是多麼幸運的時代寵兒，能在這塊自由的國土上，盡情發揮個人的專長與才幹，充分享受著無比珍貴的民主與自由，並且培育出如此眾多聞名國際的傑出人才，為世界、為人類做出了諸多的貢獻，讓我這個活生生被扼殺的人唏噓不已。

移民美國，一瞬間已有二十餘載，我再也沒有去過大陸，也沒有去過台灣。我很少注意大陸的消息，但每天兩次的台灣新聞，卻是從不間斷。我認為不要去觸碰敏感的統獨話題，海峽兩岸，一邊一國已存在了六十多年，這是客觀的事實；專制與獨裁，終將被爭民主、爭自由、反專制、反獨裁這股勢不可擋的世界潮流所埋葬，假以時日，在中國出現第二個戈巴契夫，也不是完全沒有可能。就如中國近代歷史上，曾經出現過毛澤東、蔣介石一樣，民主與自由終將以不同方式和途徑，達成國父孫中山先生所創導「世界大同」的宏願。

在結束全書的時候，飲水不忘掘井

▲戈巴契夫。

人，我還是要特別提出，那位讓我翻閱檔案的管教幹事，他同樣也是共產黨員，而任何政黨中，都可能存在兩種截然不同的思維模式。因他清楚我的案底，存心放我一馬，如果沒有他，我就永遠無法找到那把開啟牢房的鑰匙，或許今天仍在煤礦就業，直到坐穿牢底為止。

如今，我孑然一身，蟄居在美國舊金山漁人碼頭旁的一棟老人公寓裡，這裡依山傍水，風光旖旎，四季如春，物阜民豐，不失為養老、終老的一方樂土。美中不足的是原在煤礦落下的腰傷舊疾，時時被它的疼痛，提醒我曾受到過的苦難，也因此讓我提前享受到美國的各種社會福利，照理應是中共的責任，卻讓美國納稅人買單，世界確有許多不公平的遊戲規則，但對我而言，這或許是另類的所謂失之東隅，收之桑榆了。

我的來日可能也不多了，在我離開這個世界之前，總想留下些什麼，本應早些動筆，但一直處在情緒波動或身體欠佳的狀態，兩年前又罹患嚴重的憂鬱症服藥至今，不宜再拖，反正這些經歷扎根在心，不吐不快，因為這是一個個人、一個家庭、一個國家，也是整個時代的真實故事，容易落筆。一俟寫畢，發現這應該是寫給自由國土上的台灣同胞看的，因為曾有那麼一個人，雖無緣去台，但他為台灣所遭遇到的一切，也要感謝這塊自由的土地，不僅讓我的家人逃過劫難，還能舒展才能，服務大眾。

結束本書拙文之後，再從頭審視一遍，發現一個極大的，也是永遠無法化解的矛盾：即我在文中所一再表示「對政治不僅毫無興趣，甚至極其厭惡」，事實是這整篇文字全部都浸泡在政治的染缸中，包括我戴了二十多年「現行反革命」的帽子在內，並不因我的厭惡而倖免。

中國大陸特別在我服刑的年代，「政治」這個妖魔幾乎滲透到每一個國人的神經細胞，任何一個不聞政治的人，都可能被捲入政治的漩渦中去。即使沒有「解放」的台灣本身，就具有強烈的政治色彩，它已不再是個地名，而是一個政治符號——反革命的大本營。在大陸，一句「吃不飽」即可定性為反動言論，捉去改造；一張「反動標語」，可以立刻判死刑，上告無門。然而，如此色厲內荏的極端手段，卻也難掩其防微杜漸的虛弱本質。

縱觀今日世界各國人民，無不都是特定政治生態下的政治生物。螻蟻尚且有主，群龍豈能無首？一個文明的人類社會如何產生一國元首，以何種方式更迭政權，全都在尋尋覓覓地探索中。而「槍桿子裡面出政權」也絕非專利，人人都可以如法炮製。所謂政治是不流血的戰爭，戰爭是流血的政治，人們何時才能擺脫這條血腥的魔咒？

也許政治具有超然的誘惑力，它能使一個平頭百姓一步登天，呼風喚雨，生殺予奪，隨心所欲；回想起當年我在煤礦，無論寒冬酷暑，我都能赤膊大幹，毫不畏懼，如今安坐家中，三餐吃飽，竟患上了憂鬱症，這與當選元首有何不同？身分變了，環境不同了，在事過境遷之後，能有幾個傻瓜還能秉持初衷？打開古今中外的歷史，十王九壞，十官九貪，人的本質就是掠奪與貪婪，說穿了，政治不過是魔鬼扮演的天使，只要人類社會存在一天，它必定如影隨形，跟隨到地老天荒，讓你無處逃遁。

煉獄 / 力民著. -- 新北市 : 傳記文學, 2019.01

面； 公分

ISBN 978-957-8506-89-3 (平裝)

1.張力民 2.傳記

782.887 108001162

煉獄

著　　者：力　民
出 版 者：傳記文學出版社股份有限公司
社　　長：成嘉玲
副 社 長：溫洽溢
責任編輯：黃奕鳴
封面設計：張文馨
內頁美編：張文馨

地　　址：11670 台北市文山區羅斯福路六段85號7樓
電　　話：(02) 8935-1983
傳　　真：(02) 2935-1993
E-mail：nice.book@msa.hinet.net；biogra-phies@umail.hinet.net
郵政劃撥：00036910•傳記文學出版社股份有限公司
登 記 證：局版臺業字第○七一九號
印　　刷：全凱數位資訊有限公司

定　　價：250元
出版日期：2019年1月

ISBN 978-957-8506-89-3

傳記文學